COPA BOOKS　自治体議会政策学会叢書

第3版
行政評価の
導入と活用
ー予算・決算、総合計画ー

稲沢 克祐 著
関西学院大学専門職大学院教授

イマジン出版

目　　次

はじめに …………………………………………………………… 5

第1部　行政評価の理解 ……………………………………… 7

第1章　行政評価の基本 ……………………………………… 7
　　　　コラム①国の「政策評価」の目的と方式

第2章　事務事業評価表の理解 …………………………… 18
　　　　コラム②中間成果(中間アウトカム)と最終成果(最終アウトカム)

第2部　行政評価の活用(I)―予算編成と事務事業評価 ……… 37

第3章　行政経営改革の理論 ……………………………… 38
第4章　予算の目的と編成の問題点 ……………………… 45
　　　　コラム③予算とは
　　　　コラム④現金主義と発生主義
　　　　コラム⑤予算編成改革の5つの視点
補　章　中期財政計画 ……………………………………… 59
第5章　事務事業評価を活用した予算編成―成果志向の予算
　　　　編成と決算 ……………………………………… 66
　　　　コラム⑥業務量算定表

第3部　行政評価の活用(II)―政策・施策評価と総合計画 ……… 78

第6章　総合計画の戦略計画化 …………………………… 78
第7章　総合計画の進捗管理と政策・施策評価 ……………… 84

・参考文献 ………………………………………………… 103
・著者紹介 ………………………………………………… 106

はじめに

【本書の目的と構成】

　本書は、「行政評価表の読み方を知りたい」、「作成の仕方を理解したい」、「行政評価を予算編成や総合計画の策定などに活用したい」というご要望に応えようとするものです。

　「行政評価に触れることが初めて」という方々を対象にして、まず、第1部（第1章から第2章）では、行政評価の概要から実践例まで説明します。第2部と第3部では、行政評価の活用について、それぞれ、予算編成への活用（第2部：第3章から第5章）、総合計画の策定と進捗評価への活用（第3部：第6章から第7章）を解説しています。

　まず、第1部ですが、第1章では、行政評価導入の背景と今日までの進展の様子から、一言で「行政評価」と言っても、様々な類型があることを理解します。第2章では、行政評価表の作成や理解のための基礎知識を説明します。特に、自治体の行政評価で最も採用例の多い「事務事業評価」について、評価表の構成、評価指標の設定の仕方（評価指標の見方）、妥当性・効率性・有効性といった評価視点の意義について理解します。その上で、実際の自治体の評価表を見ていきます。

　次に、第2部では、行政評価の予算編成への活用を理解するという目的のために、まず、第3章で、予算編成改革を含めて、行政経営改革の理論的背景につい

て、解説します。第4章では、これまでの自治体の予算編成について、どのような問題があったかを分析しています。さらに、第5章では、「成果志向の予算編成」として、行政評価を用いて現在の予算編成が抱えている問題を解決していく予算編成改革の手法について説明します。なお、第2部の最後には、補章として、中期財政計画について説明しています。

　最後に、第3部では、総合計画策定・評価への行政評価の活用を理解していきます。第6章では、これまでの総合計画が、現在では、目標を明確にして優先順位を考慮した「戦略計画化」してきていることを理解します。その上で、戦略計画化した総合計画で不可欠の視点となる達成目標値の設定とその評価について解説します。さらに、施策レベルの評価によって、事務事業の重点化を行い予算編成に活用する方法を解説します。第7章では、総合計画の策定や評価に妥当だと考えられる「政策・施策評価」について、その原理と導入に向けての留意点を理解するようになっています。

　行政評価を導入する担当課や行政評価表を記入する皆さんは、第1部の全ての章を読むことになりますが、行政評価表の記述を理解しようとする住民や議会の皆さんは、第1章と第2章のみを読破するとよいでしょう。その上で、予算編成や総合計画の活用について、読者それぞれのニーズに応じて、第2部や第3部を読み進めてみてください。

第1部 行政評価の理解

第1章 行政評価の基本

1 行政評価導入の背景

1990年代の自治体危機

　1980年代後半、英国をはじめとする各国の行政改革が、新自由主義のもとで本格化していた頃、わが国は、バブル経済の中にあり、国も地方も、投資に投資を重ねる成長基調を採っていました。しかし、バブルが崩壊した後、予見されていたこととは言え、崩壊後の日本経済は、かつて経験のない長いデフレ経済に陥ります。景気回復に対して財政出動によって景気調整を図ろうとする考え方は、当時、欧米各国では過去のものなっていたにもかかわらず、わが国では、1990年代、数次にわたる国債の大量発行による景気対策を重ね、国債累増は、国債費の増加となって国の財政を圧迫していったのです。

　一方で、当時の景気対策には、地方財政も出動を求められ、地方債の大量発行による地方単独事業の実施は、国の財政と同様に、地方財政を窮乏に落とし込むことになります。この財政危機が、自治体の行政改革を促したことは確かでしょう。ただし、1950年代、1980年代にも地方財政危機を経験していますが、20世

紀末に始まった財政の危機は、以下の点でこれまで異なりました。第1に、国と地方の同時財政悪化によって国の支援による財政再建が望めないこと、第2に、10年を超える長期の税収低下と歳出増加によって純債務（地方債残高等－積立金）が累増したこと、第3に、第3セクターの事実上の破綻や公営事業会計（病院事業、国保事業、下水道事業等）の赤字などが普通会計を脅かしていること、第4に、少子高齢化という社会構造の変化と保有資産の老朽化が財政支出を硬直化させていること、などです。とりわけ、地方財政計画（地方財政対策）を通じた地方財源のマクロ保障の機能が減退したことで、自治体は時代の潮目を感じ取らざるを得ないことになります。

　こうした時代の変革期の中で、1995年の統一地方選挙等を機に、各地で改革派首長が誕生していることも偶然の一致ではないでしょう。1994年には静岡県に石川知事が誕生して行政の生産性向上を推進し、1995年に三重県で北川知事が、オズボーンの『行政革命』に影響を受けた「住民志向、成果志向」の改革に着手しています。こうした改革派首長が誕生した時期に、図らずも、多くの自治体で、過去の旅費に関する不正支出などの不祥事が顕在化したことも、自治体の「説明責任」を求めていく原動力になったと考えられます。「財政の危機」と「行政不信の危機」とが、自治体の行政改革を進める原動力となり、説明責任を強く求めていくことになったと言えます。そして、これらの改革に当たっては、静岡県で業務棚卸表、三重県で事務事業評価システムという「評価」が導入されることになります。これら行革の先進自治体では、評価活動によって、行政活動を定量化すること、そして、「計画

→執行」の繰り返しから、「計画→執行→評価→改善」という経営サイクルの確立を求めるようになりました。1990年代後半の自治体で、行政評価導入をひとつの契機として、行政経営改革が進められるようになったわけです。

自治体の「説明責任」―財務数値と非財務数値

さて、前頁に登場した言葉「自治体の説明責任」とは、どのような意味でしょうか。「自治体の仕事を説明する責任」では、答えになりません。

以下、少し難解な説明になりますが、大切なところです。まず、住民と自治体と関係を、「信託者と受託者」と捉えることから始まります。住民は、生命・財産の保全から公共の福祉の向上などの達成を、税金という財産とともに自治体に信託するのです。そこで、自治体には、「受託責任」が生ずることになります。すなわち、「信託設定者」としての住民は、受託者である自治体に、財産権の一部を納税によって移転します。それと同時に、住民（ここでは将来世代も含みます）を「受益者」と指定して、「受託者」である自治体が受託責任を負って、住民から信託された財産の運用について、最小の経費で最大の効果をもたらすように意思決定や政策形成を行い、財・サービスの提供を行うことになります（図表1-1）。

「説明責任」とは、英語の「アカウンタビリティ」の訳語ですが、「アカウント（勘定）」という言葉が幹

図表1-1　自治体の受託責任と説明責任

| 自治体（受託者）| ──→ |（財・サービスの提供）| ←── | 住民（信託者・受益者）|
| | ←── |（納税＝財産信託）| ←── | |

となっています。アカウント（勘定）とは、責任の範囲を示す言葉です。住民を信託設定者および受益者と位置づけ、政府を受託者として受託責任の存在を肯定すれば、そこから、アカウンタビリティ（説明責任）が生まれます。すなわち、自治体の説明責任とは、勘定を通じて、自治体の受託責任を説明すること、となります。

　ただし、自治体の仕事は、勘定に表される「財務数値」だけで説明できるものではありません。企業と異なり、利益増大が業績目標となるのではないからです。自治体には、地方自治法第2条第14項で規定される「最小の経費で最大の効果」をあげる責任がありますが、「効果」に当たる内容は、財務数値のみで表すことはできません。たとえば、環境（水、大気、土壌など）をいかに改善したかは、それぞれ、水質汚染、大気汚染、土壌汚染を表す「非財務数値」で示されます。したがって、自治体における説明責任は、財務数値に加えて、非財務数値によって表すことが求められているのです。

　すなわち、非財務数値も加えた説明責任の果たし方を体系化し、さらに、それを行政経営の手法に展開しようとしたのが、「行政評価」と言えます。

2　行政評価導入の進展

　自治体における評価は、1990年代後半における三重県（事務事業評価システム）、静岡県（業務棚卸法）、北海道（時のアセスメント）を嚆矢とした取組が全国に伝播していきました。行政評価が導入されるようになってから20年以上が経過した2017年10月現在で、行

図表1-2　自治体における行政評価の取組状況（平成28年10月１日現在）

	都道府県	政令市	中核市	施行時特例市	市 区	町 村
既に導入済み	47	19	44	36	593	360
試行中	0	0	0	0	20	46
導入予定あり	0	0	1	1	42	376
導入予定なし	0	0	0	0	12	106
過去に実施していたが廃止した	0	1	2	0	44	38
合計	47	20	47	37	711	926
導入済み自治体の割合 （平成25年度導入割合）	100% （100%）	95.0% （95.0%）	93.6% （97.6%）	97.3% （100%）	83.5% （82.8%）	38.9% （34.9%）

（出所）総務省（2017年６月）「地方公共団体における行政評価の取組状況等に関する調査結果
　　　　（平成28年10月１日現在）」より筆者作成

政評価実施済みの自治体割合は、60%を超えています。図表1-2に示すように、都道府県、政令市、中核市、施行時特例市、市区にあっては、それぞれ、100%、95.0%、93.6%、97.3%、83.5%と高い導入率を示しています。特に、市区にあっては、本書初版時点の資料（2007年10月）では59%でしたから、この10年間で導入が一気に増えたことがわかります。一方で、町村では38.9%と、年々、導入率が上昇しているとは言え、未導入のところが多いのも事実です。

3　自治体における行政評価の類型

ここで、主に、「行政評価」と総称されている自治体の評価について、実態として、いろいろな類型があることを見ていきましょう。その実態は、以下の図表1-3～図表1-6に示す分類によれば、手法として業績測定型を採り（図表1-3）、政策体系においては事務事業を対象とする事務事業評価の実施例が多く（図表1-5）、評価時点から見れば事後評価であり（図表1-6）、評価者別では内部評価（図表1-7）の実施例が多い、ということになります。順次説明します。

図表1-3　手法による分類

類　型	特　徴	手　法
プログラム型（Program Evaluation）	施策ごとに深く評価	実験対照法などの科学的評価
業績測定型（Performance Measurement）	全業務を評価	指標を用いた簡便な手法

行政評価では業績測定型が主流

　まず、手法では、指標を設定して目標値との乖離を測定し、乖離がある場合には、その原因と改善案を考察する「業績測定型」です。一方で、「プログラム型」では、一つの施策・事業に対して、時間と手間をかけて、実施の効果、問題点などを検証していくことになります（図表1-3）。健康診断にたとえれば、業績測定型は、全身を簡単な「指標（体重／身長比、血圧など）」によって測定して標準値との比較を行う「定期健診」に相当し、プログラム型は「精密検査」に相当すると言えるでしょう。多くの自治体で採用している事務事業評価は、業績測定型であり、したがって、定期健診であるがゆえに、毎年、達成度評価を行うことになるのです。ただし、事務事業評価の場合、達成度評価のほかに、公共関与の必要性や事業実施の妥当性、効率性、有効性など、事務事業のロジックから見た評価視点も設定されていることが多いのも事実です（重要な用語である「指標」と「評価視点」について、詳しくは次章で説明します）。

政策評価・施策評価・事務事業評価

　図表1-4は、ある中核市での評価体系と行政評価との関係を表したものです。19の基本施策と60の施策を「政策・施策評価の範囲」とし、これら２つのレベルに成果（目標）指標を設定し、目標値を定め、その目標に向かって毎年度どのように進捗しているのかを測

定することによって、実は、総合計画における基本計画進行管理を行うことが可能となっています。すなわち、政策評価、施策評価、事務事業評価とは、総合計画における「政策体系」である「政策―施策―事務事業」に沿った評価であることを示しています。

　ここで重要なのが、「政策目的を達成するための手段が施策であり、施策目的を達成するための手段が事務事業である」ということです。基本計画の進行管理を行うためには、基本目標、基本施策の目的を達成するための手段が施策であり、施策目的を達成するための手段が事務事業という関係ですから、政策・施策評価と事務事業評価は緊密な関係がなければなりません。そのためには、政策体系と評価システム、そして評価責任者を明確にすることも必要です。

　評価責任者だけでなく、図表1-4に示すように、評価システムごとに評価重点項目が異なります。政策・施策評価は、政策・施策目的の数値化、つまり指標によって計画進行管理を行い、加えて住民意識調査などで住民ニーズを把握します。それらの意思決定情報をもとに経営資源配分や手段の最適性の検証が評価され

図表1-4　政策体系と行政評価

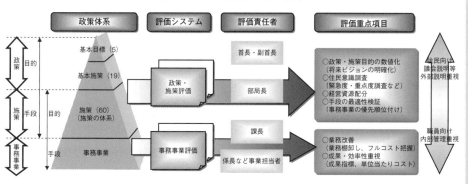

図表1-5　行政評価の対象

	都道府県	政令市	市区町村	合計
行政評価を導入している団体	47 (100)	19	1,033	1,099
政　　　策	27 (57.4)	6 (31.6)	262 (25.4)	295 (26.8)
施　　　策	41 (87.2)	17 (89.5)	612 (59.2)	670 (61.0)
事務事業	37 (78.7)	18 (94.7)	997 (96.5)	1,052 (95.7)

下段かっこ内の数値は、導入自治体全体に対する割合（単位：%）
（出所）総務省（2017年3月）「地方公共団体における行政評価の取組状況（平成28年10月1日現在）」より筆者作成

ます。また、事務事業評価では、成果、効率性といった観点から事務事業の改善を行うことを意図しています。

　なお、前述の総務省調査によれば、図表1-5に示すとおり、基礎自治体（政令指定都市、中核市、施行時特例市、市区、町村）で、行政評価を導入しているところでは、ほぼ90％以上が事務事業評価を導入しています。自治体における行政評価の主流は、事務事業評価であると言えるでしょう。一方で、市区町村では、施策評価の導入自治体数が3年前の総務省調査の時に比べて増えてきています。

事後評価が主流

　図表1-6で示すのは、時点別の評価です。自治体の実践例では、3月末時点での業績情報を基にした事後評価が多くなっています。ところで、事後評価の場合、6月頃にほぼ確定する決算数値を基にして評価を進めるために、評価作業の終了は9月頃になりますが、予算要求に評価情報を活用しようとしても、1年度の間隔が空いてしまいます。すなわち、N年度の実績がN＋1年度の9月頃に評価され、同年度10月に行われる

図表1-6　時点別の分類

類　　型	手　　法	評価の目的
事前評価	費用対効果分析	最適な施策を選択する
事中評価	指　　標	執行途中の業績把握：予算要求／査定への反映
事後評価	指　　標	目標達成度把握：改善案の検討

図表1-7　評価者別の分類

類　　型	特　　徴	備　　考
内部評価	行政機関内部で評価	内部評価には２次評価を含む
外部評価	外部の専門家による評価	●分野別（教育、公共事業など）の評価 ●内部評価後の評価

　Ｎ＋２年度予算の要求書に活用されるとすれば、１年
度間のブランクが生ずるのです。そのために、Ｎ＋１
年度の10月頃に実績評価を行い予算要求書に反映させ
る「事中評価」を採用している長野県塩尻市などの事
例もあります。事後評価と事中評価双方の情報によっ
て、予算編成をする訳です。なお、「事前評価」は、
事業等について複数の選択肢の中から、費用対効果分
析などを行うことによって、最適な案を選択するもの
であり、公共事業などの事例に適用が見られます。

内部評価と外部評価

　図表1-7は、評価者が職員自らである「自己評価」
なのか、第三者である「外部評価」であるかという分
類です。外部評価の導入に際して、「自己評価ではお
手盛りになるから外部評価を行う」という理由を挙げ
る自治体もありますが、外部評価が客観的である保証
はありません。むしろ、外部評価は、内部評価で気付
かなかった点を指摘するという「評価視点の多角化」
を目的とすべきでしょう。

　さて、以上のような分類を行っておくことは、実は、
とても重要なことなのです。「行政評価がうまく活用

できない」などの理由には、そもそも、活用しようとする目的と選択した類型とが不一致になっていることがあるからです。たとえば、施策分野ごとの資源（予算、人など）の配分に活用しようとしても、選択した類型

コラム①　国の「政策評価」の目的と方式

　国では、「行政機関が行う政策の評価に関する法律」が平成13年に制定されています。同法の目的を述べる第１条で、政策評価の目的を、「効果的かつ効率的な行政の推進に資するとともに、政府の有するその諸活動について国民に説明する責務が全うされるようにすること」としています。

　政策評価の方式としては、平成17年に政策評価各府省連絡会議で了承された「政策評価の実施にかかるガイドライン」では、次の３つの方式を示しています。

(1)　事業評価方式

　事前の時点：①評価対象政策の目的が国民や社会のニーズに照らして妥当か、上位の目的に照らして妥当か、行政の関与の在り方からみて行政が担う必要があるかについて検討する。②評価対象政策の実施により、費用に見合った効果が得られるかについて検証する。③上位の目的の実現のために必要な効果が得られるかについて検討し、どのような効果が発現したことをもって得ようとする効果が得られたとするか、その状態を具体的に特定する。（以下、略）

　事後の時点：事前評価を実施した政策や、既存の政策のうち国民生活や社会経済への影響が大きいものや多額の費用を要したものについて、事後に把握した政策効果の評価・検証を行う。

(2)　実績評価方式

　①評価対象政策について、国民に対して「いつまでに、何

が事務事業評価では、その目的達成は難しいでしょう。この場合は、むしろ、政策・施策評価と事務事業評価との二層構造による評価で臨むことになります。

について、どのようなことを実現するのか」を分かりやすく示す、成果（アウトカム）に着目した目標（以下、「基本目標」という。）を設定する。なお、成果に着目した目標の設定が困難、あるいは適切でない場合にはアウトプットに着目した目標を設定する。②具体的な達成水準を示すことが困難な基本目標については、これに関連した測定可能な指標を用いて、それぞれの指標ごとに達成水準を示す具体的な目標（以下、「達成目標」という。）を設定する。達成目標は、可能な限り客観的に達成度を測定できるような定量的又は定性的な指標を用いて具体的に示す。（以下、略）

(3) 総合評価方式

　①評価対象政策の効果の発現状況を様々な角度から具体的に明らかにし、その際、政策の直接的効果や、因果関係、場合によっては、外部要因の影響についても掘り下げた分析を行い、さらに、必要に応じ波及効果（副次的効果）の発生状況及びその発生のプロセスなどについても分析する。②評価対象政策に係る問題点を把握し、その原因を分析する。③評価対象政策の目的が依然として妥当性を有しているかについて検討する。また、必要に応じて、行政関与の在り方からみて行政が担う必要があるかなどについて検討する。④必要に応じて、政策の効果とそのために必要な費用（マイナスの効果や間接費用を含む。）を比較・検討する。また、国民にとってより効率的で質の高い代替案はないかについて検討する。（以下、略）

事務事業評価表の理解

1 事務事業評価表の構成

　いよいよ、自治体の行政評価で最も採用例の多い「事務事業評価表」の説明にはいります。

　事務事業評価表の典型的な構成は、図表1-8（20頁）のように、4つの部分に分かれています。もちろん、自治体によって、さまざまなバリエーションがありますが、事務事業評価表とは、「評価表の記入を通じて、事務事業の現状を把握・認識したうえで、目的を達成するために解決すべき課題を発見し、具体的な改善につなげていく」というものです。現状の把握・認識とは、すなわち、評価の対象となっている事務事業の位置付けを総合計画（Plan）などから確認し、さらに、詳細には、目的・手段の整理を行い、その上で、実施内容（Do）を指標によって測定することです。目的を達成するために解決すべき課題を発見するということは、事務事業を妥当性などの視点から評価（Check）することですし、具体的な改善（Action）につなげていく、ということは、評価段階で見つけた課題解決のための改善案を、その改善手法と効果の点から具体的に提示するものです。

　さて、評価表の4つの部分に記入していく作業は、まさに、PDCA（Plan-Do-Check-Action）のマネジメントサイクルの流れそのものであることに気付きます。それでは、それぞれの部分について、もう少し詳しく見ていきましょう。

① Planの部分：総合計画上の位置付けを確認し、目的を「対象」と「意図」とに分解

　Planの部分では、事務事業の事業体系上の位置づけを明確にするために、総合計画における上位の政策体系を記載する欄を設けてあります。さらに、事務事業の目的を再認識できるように、事業の目的を「対象」と「意図」に分解しておきます。この作業は、「評価指標の設定」に関わってくる大切なものです。「対象」では、事業の受益者を年代、地域、職業などによりできるだけ限定して検討し、「意図」では事務事業を実施することで対象をどのような状態にしたいのかを具体的に考えます。また、「事務事業の実施内容(「手段」)」は、目的を達成するために実施している内容を住民などにわかりやすく説明する部分でもあります。

② Doの部分　指標を用いて数値測定

　Doの部分では、指標によって測定した具体的な数値を用いて、事務事業の業績測定することを中心とする部分です。なお、事務事業評価指標については、次のところで詳しく説明します。

③ Checkの部分　妥当性・有効性・効率性の評価

　Checkの部分では、Plan、Doの記載内容を詳細に分析し、その結果をもとに、現状を把握して改善すべき課題を明確にする「評価」を行います。「評価」の視点は自治体により様々ですが、妥当性、有効性、効率性、経済性などを用いるのが一般的です。

④ Actionの部分　改善案の検討

　Actionの部分では、Checkの部分で認識された課題

図表1-8　事務事業評価表の構成

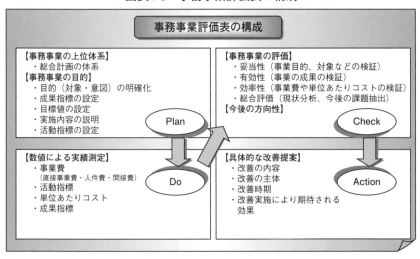

に対して、今後の改善策を検討します。改善策の検討にあたっては、改善の内容だけでなく、改善の実施主体、改善を行う時期、改善による予算や人員の増減、改善により期待される効果などをできるかぎり明確にすることが重要です。

2　事務事業評価指標の設定

　行政評価の意義のひとつが、行政の仕事を数値で測定して見えるようにする（「可視化」）ことでした。ここで、数値で測定する「モノサシ」を「指標」と呼んでいます。Doの部分では、この指標を設定して数値測定をします。

　さて、事務事業評価の評価指標には、一般的に、「投入指標」、「活動・結果指標（あるいは、まとめて「活動指標」）」、「成果指標」などがあります。図表1-9に示すように、たとえば、「介護ボランティア養成講習

図表1-9　事務事業評価指標の例（介護ボランティア養成講習会）

資源（財・人）投入	→	活　　動	→	結　果	→	成　果
（予算300万円）		（講習会60回）		（300人受講）		（200人実践）

投入指標：投入する資源（人、金、物）
　　　　　例）投入人員、事業費
活動指標：行政等の活動によって提供されたモノやサービスの量
　　　　　例）講習会開催回数 *
成果指標：対象となる住民や地域における状態の変化や出来事
　　　　　例）ボランティア実践者数

会開催事業」を例にとれば、300万円の財源（および業務量算定表（第３章で説明）によって得られる人員）を「投入」して、60回の講習会開催という「活動」を行った「結果」300人が受講し、その「成果」として、200人が実際に介護ボランティアの実践者となる、という事務事業のフローがあります。このフローに沿って、「投入（インプット）、活動・結果（アウトプット）、成果（アウトカム）」の側面から数値測定をしていくことを意味しています。

　ところで、行政評価を導入するときに、「指標の設定が難しい」という声を聞くことがあります。確かに、「行政の行ったことを数値で測定する指標を『活動指標』と言い、行政の行ったことによって対象である人々や地域がどのように変化したかを測定する指標を『成果指標』と言います」というマニュアル上の説明だけでは、なかなか指標設定できません。できたとしも、それが妥当なのかを他者が判断することも困難です。この場合、図表1-9のような事務事業のフロー（最も簡単な「ロジック・モデル」とも言います）を作成して、各指標を設定していく、ということが、ひとつの方法です。

　この図表1-9のようなフロー図に替えて、三重県型の事務事業評価では、評価指標の設定に当たって、事

務事業の要素を、「対象」、「手段」、「意図」に切り分けることから始めます。この切り分けから、どのようにして、「活動指標」と「成果指標」を設定していくかを、以下の①から④で説明します。なお、「投入指標」については、通常、直接事業費の決算数値と人件費との合計を記載することが事例として多いのですが、人件費の算出は、自治体の現行決算では事務事業ごとにできないために、第3章で説明する「業務量算定表」などを活用します。

① 事務事業を、「対象」・「手段」・「意図」の要素に
　分解

　事務事業の「対象」を、できる限り具体的な属性（性別、年代、居住地域、意欲など）によって特定しておくことで、事務事業を実施することによって、すなわち、「手段」によって、「対象」に働きかけることで、「対象をどのようにしたいか」という「意図」を、より明確に示せるようになります。図表1-10は、「介護ボランティア養成講習会」という事務事業の対象、手段、意図の要素に分解しています。この事務事業では、対象は、単に「市民」とするのではなく、「介護ボランティアに関心を持っている市民」とします。そして、この「対象」に「手段」である「介護ボランティア養成講習会開催」によって働きかけて、「関心を持っているものの、実際にはボランティア活動を実践していない状態」から、「介護ボランティアの実践者になる」という「意図」を達成するのです。

② 手段と意図の記述から、「キーワード」の抜き出し
　次の作業では、「手段」と「意図」の記述に注目しま

す。「活動指標」とは、行政が行ったことを数値測定す
る指標であり、「成果指標」とは、行政の働きかけに
よる対象の状態の変化を数値測定する指標なのですか
ら、まさに、「活動指標」は、行政の対象への働きかけ
である「手段」の数値化を行う指標です。そして、成
果指標とは、手段による対象への働きかけによって対
象がどのように変化したかを表す「意図」の数値化で
あることに気付くはずです。そこで、手段と意図の記
述に着目して、指標を作成してみることになります。
　ここで大切なのは、「手段」と「意図」の中のキーワー
ドを見つけることです。事例となっている介護ボラン
ティア養成講習会開催事業では、「手段」のキーワー
ドは、「介護ボランティア講習会を開催する」ですし、
「意図」のキーワードは、「（介護ボランティアに関心
を持っていながら、いまだ実践していない対象を）実
践者にする」となるでしょう。

図表1-10　指標の作成

事業の目的〔対象（誰に対して、何に対して）、 手段 （どうやって働きかけて）、
対象のあるべき姿 （対象をどうしたいか）〕

手段を講じた結果　⇒　活動指標（アウトプット指標）
意図を数値で表す　⇒　成果指標（アウトカム指標）

例：介護ボランティア養成講習会開催事業
「介護ボランティアに関心とニーズを持つ市民に対して、介護ボランティア講習会を開
催し、ボランティア活動の実践者にする」
　　　　◎キーワード（開催し、実践者に）から、評価指標を作成する
　　　　　　　　　　　　　　　↓
対象 ：ボランティアに対して関心を持っている市民
手段 ：ボランティア講習会を開催する→ 活動指標 ：介護ボランティア講習会開催数
意図 ：ボランティアの実践者にする　→ 成果指標 ：介護ボランティア実践者数（実践率）
上位の視点：介護者・被介護者の精神的・身体的・経済点負担を軽減する

③　キーワードから活動指標と成果指標の作成

　このキーワードを基にして、指標を作成します。「活動指標」は、「介護ボランティア養成講習会開催回数」となります。「成果指標」は、「介護ボランティア実践者数」となります（図表1-10）。

　さて、成果指標の場合、「意図」のキーワードから「成果指標」を作成するためには、図表1-11で示すように、「指標的表現」というワンステップを踏むと考えやすいでしょう。

　なお、「意図」のキーワードと指標的表現との例を図表1-12にまとめておきます。

④　指標的表現を算式にする

　図表1-11の最後のところに、「指標的表現を算式にする」とあります。算式と言っても、「介護ボランティア実践者数」というような成果指標には、算式は特にありません。そのまま、キーワード（「実践者にする」）から、指標的表現（「実践者数」）となり、そのまま、成果指標になっているわけです。

　一方で、「救急医療機関を増やす」という意図ですと、キーワード（「増やす」）から、指標的表現（「増加度」）となりますが、増加度には、以下の(ア)から(エ)に示すようなさまざまな数値測定の仕方がありますので、これ

図表1-11　成果指標の作り方

①事務事業の目的を対象と意図に分ける	意図：できるだけ速やかに増やす
②意図のキーワードを抜き出す	キーワード：「速やかに」「増やす」
③意図のキーワードを指標的表現に置き換える	指標的表現：「迅速度」「増加度」
④指標的表現を算式にする	算式：増加度＝（累計数）／人口

図表1-12　意図のキーワードと指標的表現の例

意図のキーワード	意図の指標的表現
理解させる（してもらう）	理解度（率）
自立させる（してもらう）	自立度（率）
増やさない	増加防止度（率）（維持度／率）
向上させる	向上度（率）
速やかに	迅速度（率）
誤りなく（正確に）	正確度（率）

らの中から、ふさわしい算式を決定することになります。

【キーワード】救急医療機関を増加させる⇒【指標的表現】増加度

(ｱ)　単に数が増えればよいのか
　　⇒救急医療機関累計数÷人口数

(ｲ)　一定の基準を達成するまで増加させたいのか
　　⇒救急医療機関数÷基準に合致する救急医療機関数

(ｳ)　医療施設の指定比率を増やしたいのか
　　⇒救急医療機関の指定数÷全医療機関数

(ｴ)　不足地域を減らしたいのか⇒不足地域解消率
　　⇒１－（救急医療機関不足地域数÷地域数）

コラム②　中間成果（中間アウトカム）と最終成果（最終アウトカム）

　「成果（アウトカム）指標」と言っても、活動（アウトプット）指標に近い成果指標から、最終的な成果指標まで、段階を踏んでいくつか存在します。下の図は、「禁煙プログラム」を例に、指標の「成長」を示したものです。このプログラムでは、「講習会開催という手段を、『禁煙したいと考えている市民』に働きかけます。6ヶ月間の講座修了者の中から、1年後に禁煙を成功した人が現れ、そして、数年後には、喫煙が原因の疾病感染率が低下する」ということを考えています。

　まず、活動指標は、「禁煙講習会開催回数」となります。そして、この活動指標に近いものの、対象者の変化を現す成果指標としては、「禁煙講習会修了者数（修了率）」となります。6ヶ月の講座を無事に修了すること自体が、対象の変化を表しており、この変化があればこそ、実際に禁煙を成功することができるわけです。それでは、実際の「禁煙成功率」となりますと、これは、次の段階の成果指標であり、「中間アウトカム」を測定する指標です。通常は、1年を超えて現れてくるものです。また、「喫煙が原因の疾病感染率」は、さらに、その数年後、しかも、この禁煙プログラム以外の要因（社会の風潮やタバコの大幅値上げなど）も多分に入って、現れてくる数値です。

　事務事業評価では、1年間を単位に改善・改革を進めていくことを目指しますから、成果指標として選択すべきは、「禁煙講習会修了者数（修了率）」となります。

図表　中間アウトカムと最終アウトカム〔禁煙プログラム〕

			← 中間アウトカム →		← 最終アウトカム →	
事業実施	喫煙者参加	→	講座修了喫煙者		禁煙実行	→長期的健康改善
講座開催数	参加人数・率		修了者・修了率	→	講座修了者→	喫煙が原因の
					1年後禁煙率	疾病感染率

（出所）Harry Hatry（1999）. *Performance Measurement Getting Results.* P63 Exhibit6-5
　　　から筆者作成

3 事務事業評価の視点

　「評価」を行い、具体的な改善を進めるためには根拠が必要になります。事務事業評価では、妥当性、効率性・有効性などの評価視点を用いることになります。

事務事業の妥当性・効率性・有効性

　妥当性、効率性、有効性の視点は、図表1-13に示すように、事務事業のフローに沿って、課題を発見する視点なのです。それぞれの視点を簡単に説明すると、「妥当性」とは、「自治体が関与する必要性はあるか、政策体系上の目的に結びつくか、目的達成のために選択した手段は妥当か」を問う視点です。「効率性」は、「業務改善によって、成果を落とさずにコスト削減可能か、民間委託によって、成果を落とさずにコスト削減は可能か」などを問うことになります。また、「有効性」では、「成果向上の余地はあるのか、同一目的の事務事業はないか」などを問います。

　それでは、妥当性、効率性、有効性のそれぞれについて、具体的には、どのような情報を基にして、課題を発見していくかを、以下、整理しておきます。①「妥当性」から③「効率性」について、それぞれ、ア〜エなどの下位項目を挙げていますが、これら下位項目にしたがって、評価表を記入することになります。

図表1-13　事務事業と評価の視点

```
               効      率      性
┌──────────────────────────────────────────┐
│ 需 要 ⇒ 投 入 ⇒ 活 動 ⇒ 結 果 ⇒ 成 果 │
│ 必要性・妥当性              有  効  性      │
└──────────────────────────────────────────┘
```

【① 事業の妥当性】
ア　上位施策

　評価対象とする事務事業の上位施策の目的を達成するために、当該事務事業が必要かどうかを検証します。

イ　目的（対象・意図）

　評価対象事務事業の「対象」の設定は妥当か、たとえば、年代、居住地域、職業団体など対象とする範囲は間違っていないかを検証します。また、事務事業の「意図」については、そのような意図を掲げることが現状に合致しているかどうかを確認します。

ウ　手段（内容）

　事務事業の「手段」の説明欄ですが、その手段は、意図の達成のために妥当なものであるかを確認します。

【② 事業の効率性】
ア　事業費（直接事業費、人件費、間接費など）の推移

　事業費の推移状況を分析して増減の要因を明確にするとともに、実施方法の変更などによるコストの削減ができないかを検討します。

イ　実施主体の検討

　事務事業の実施主体を、行政直営から民間企業やNPO法人などへの委託へと変えていくことで、効率性が向上するかどうかを検討します。なお、実施主体の検討は、前に挙げた「妥当性」の観点からも検討することになります。

【③ 事業の有効性】

ア　成果指標の実績値

　事業の有効性を検証するためには、まず、事務事業の成果、つまり各事務事業の目的達成度を測定するために設定した成果指標の実績値を検証します。その際には、評価対象年度だけでなく、過年度からの推移を分析することも必要となります。

イ　成果指標の目標値の達成状況

　成果指標に目標値を設定しておくことで、評価対象年度の目標値の達成状況を把握し、達成できていなければ、その理由を検討します。

ウ　他の事務事業との重複

　意図の類似する事務事業があるかどうか、あるとすれば、統合するなどによって、評価対象事務事業の目的達成に向けた資源（ヒト、モノ、カネ）の集中ができるのではないか、その他、市町村の場合であれば、国や都道府県に類似の事務事業があるかどうかを検討することになります。

4　事務事業評価の実際

　35頁の図表1-21に、名古屋市役所で平成13〜19年度にかけて適用された事務事業評価表（以下、「評価表」と呼びます）を示しています。これから、この評価表を事例にして、これまで説明してきたことを実践的に理解しましょう。

　名古屋市の事務事業評価は、平成13年度に本格導入され、平成15年度には、全事務事業評価を行い、さら

に、平成19年度まで、事務事業評価結果を毎年度の予算編成へと活用している事例です。

1）事務事業の目的の整理と数値測定の部分

　まず、評価表の上部４分の３を占めるのが、事務事業の目的を整理するところから、指標を設定して、数値測定をする部分です。

　事例に挙げた「基本健康診査」は、総合計画の中では、「健康」という「部門（政策にあたります）」の中の「生涯にわたる心身両面の健康づくり」という「施策」を構成する事務事業であることを確認できます。

　さらに、この事務事業の目的を、前述したように、「対象（誰を・何を）」と「意図（対象をどういう状態にしたいのか）」に分解しています。「手段」に当たるのが、「事業の目的」欄です。ここまで分解しておけば、図表1-10の考え方に従って、「活動指標（名古屋市の場合は、「事業の実績」）」と「成果指標」の２つの指標の設定が可能になります。なお、「投入指標」としては、「事業費・人員」という欄で、事業費の総額と人工（にんく）計算による職員数が計算されています（人工計算については、次章参照）。

2）評価の部分

　次に、評価表の下部４分の１を占めている「評価」の部分を説明します。図表1-21に掲げるようにシンプルな構成ですが、実際には、「評価基準」を基に評価マニュアルを作成して詳細に検討していますので、評価マニュアルの図表を引用して説明していきましょう。

① 「必要性」の評価

「公的関与の範囲に関するチェック」と「事業の妥当性のチェック」に基づき評価します。名古屋市の評価マニュアルでは、それぞれ、図表1-14および図表1-15のような説明があります。

公的関与の範囲に関するチェックを経て、「公的関与の必要性がなし」ということになりますと、事業の妥当性や、その後の有効性、効率性の評価をするまでもなく、当該の事務事業は、「廃止か民営化」のどちらかの選択肢を検討する必要が出てきそうです。

また、図表1-15に示す事業の妥当性の説明では、該当する項目の数によって点数化するようなことはしていません。4から1の数値は、あくまで、妥当性の程度を示す目安として記入を求めています。

図表1-14 公的関与の範囲に関する説明

下記の1から9のいずれにも該当しない場合は、公的関与が認められないため、必要性の評点は「1」としてください（「事業の妥当性のチェック」は行いません）。

いずれかに該当する場合は、最もふさわしいものを1つだけ選択し、次の「事業の妥当性のチェック」を行ってください。

1	法律で実施が義務づけられている事務事業
2	受益の範囲が不特定多数の市民におよび、サービス対価の徴収ができない事務事業
3	市民が社会生活を営むうえで必要な生活環境水準の確保を目的とした事務事業
4	市民の生命、財産、権利を擁護し、あるいは市民の不安を解消するために、必要な規制、監視指導、情報提供、相談などを目的とした事務事業
5	個人の力だけでは対処し得ない社会的・経済的弱者を対象に、生活の安定を支援し、あるいは生活の安全網（セーフティー・ネット）を整備する事務事業
6	市民にとっての必要性は高いが、多額の投資が必要、あるいは事業リスクや不確実性が存在するため、民間だけではその全てを負担しきれず、これを補完する事務事業
7	民間のサービスだけでは市域全体にとって望ましい質、量のサービスの確保ができないため、これを補完・先導する事務事業
8	市の個性、特色、魅力を継承・発展・創造し、あるいは国内外へ情報発信することを目的とした事務事業
9	特定の市民や団体を対象としたサービスであって、サービスの提供を通じて、対象者以外の第三者にも受益がおよぶ事務事業

第1部　行政評価の理解

31

図表1-15 事業の妥当性に関する説明

「公的関与の範囲に関するチェック」で最もふさわしいものをチェックした後、次の質問について該当の有無（はい／いいえ）をチェックしてください。

1 事業開始時の目的を概ね達成するなど実施意義が低下している。
2 社会情勢の変化など時の経過とともに事業開始時の目的が変化してきている。
3 利用者、対象者の減少など市民ニーズの低下傾向が見られる。
4 市民ニーズを上回るサービス提供となっている。
5 国や他都市と比較するとサービスの対象や水準を見直す余地がある。
6 国や県のサービスと重複している。
7 民間のサービスと競合している。
8 厳しい財政状況の中、実施する緊急性が認められない。

「はい」にあてはまる数が多いほど、必要性の評点は低くなります。

図表1-16 有効性に関する説明

次の質問について、該当の有無（はい／いいえ）をチェックしてください。

1 施策の目的を実現するために、事業内容が必ずしも適切とはいえない。
2 施策への貢献度が著しく高いとはいえない。
3 施策の中で類似・重複した事務事業が存在する。
4 事業の継続をしても成果の向上が期待できない。

「はい」にあてはまる数が多いほど、有効性の評点は低くなります。

② 「有効性」の評価

　名古屋市の場合は、評価欄に「達成度（成果指標の欄に掲げる評価年度の目標値に対する達成率）」という項目を設けています。従って、有効性の観点で評価をするのは、図表1-16で示すとおり、「上位施策の目的達成への貢献度と事業内容の適切性」と、「縦割組織の重複行政による資源配分の分散」といった視点から見た「有効性」になっています。この場合も、点数評価の意義は、「必要性」と同様、チェックの数では

ありません。なお、「達成度」は、図表1-20のように、有効性の観点に含めるのが一般的です。

③ 「効率性」の評価

名古屋市の評価では、効率性の観点で、「実施主体の妥当性」（図表1-17）と「経済性・手法の妥当性」（図表1-18）の2面を評価しています。

まず、実施主体とは、市直営、外郭団体、民間企業、市民活動団体などのことをいいますが、実施主体を変更することによって、当該事務事業の質を向上させつつ経費を削減できるかどうかを検討するわけです。その際に、公平性・公正性・守秘義務の確保についても、検討します。

図表1-17　効率性のうち「実施主体の妥当性」の説明

次の質問について、該当の有無（はい／いいえ）をチェックしてください。

1　他の実施主体を活用しても市民サービスが低下しない。
2　他の実施主体を活用するとコストの低減が期待できる。
3　他の実施主体が持つノウハウ等を活用できる。
4　他の実施主体を活用しても公平性・公正性、守秘義務が担保され、行政責任が損なわれない。

「はい」にあてはまる数が多いほど、実施主体の検討が必要ということになります。

図表1-18　効率性のうち「経済性・手法の妥当性」の説明

次の質問について、該当の有無をチェックしてください。
1　単位当たり費用（投入金額／事業実績）が前年度と比較して悪化している。
　　※投入金額（事業費決算額＋（担当職員×平均人件費））
　　　　　　平均人件費は @X,XXX 千円です。
　　※事業実績は、事業の実績欄のうち①に記入した実績をもって計算します。
2　従事人員の見直しによりコストを下げる余地がある。
3　事務の電子化など事務改善によりコストを下げる余地がある。
4　契約方法の変更などによりコストを下げる余地がある。

図表1-19　総合評価の意味

A	計画どおりに事業を進めることが適当
B	事業の進め方の改善の検討
C	事業規模・内容又は実施主体の見直しの検討
D	事業の抜本的見直し、休・廃止の検討

図表1-20　総合評価の説明

〔必要性、有効性（達成度）〕

高

B：事業の進め方の 改善の検討	A：計画どおりに事業を 進めることが適当
C：事業規模・内容又は実施主体の見直しの検討	
D：事業の抜本的見直し、休・廃止の検討	

低　　　　　　　　　　　　　　　　　　　　高　〔効率性〕

低

　効率性の第2の観点である「経済性・手法の妥当性」については、「単位当り費用」、すなわち、「効率性指標」を設定することで、投入／活動量比の変化を検討します。その上で、従事人員の見直しや電算化などの内部改革によって、効率性の向上の余地があるかどうかを検討します。

④　総合評価

　いよいよ、総合評価です。A、B、C、Dで記入されていますが、それぞれに図表1-19のような意味があります。

　では、どのようにして、AからDを決めているかというと、図表1-20のように、必要性と有効性（達成度）の観点を重視しているのに気付きます。すなわち、公的関与がなかったり、実施手段の妥当性に問題があったり、あるいは、事業目的や上位施策目的の達成の点で問題があったりするような事務事業については、単なる業務改善にとどまらず、実施主体の変更や事業の抜本的見直し、休・廃止の検討が求められるからです。

図表1-21　名古屋市の事務事業評価表（平成13～19年度）

事 務 事 業 評 価 票 （ 例 ）　①ソフト事業

事 業 名	基本健康診査	267	予算費目	会計	一般会計	01
				隷	健康福祉費	03
部 門	健康	120		項	保健所費	11
施 策	生涯にわたる心身両面の健康づくり	1		目	成人保険費	03
作成部署	健康福祉局健康部健康増進課	09 01 21	連絡先　972-2637			

事業の目的	対象（誰を・何を）	意図（どういう状態にしたいのか）
	職域などで受診する機会のない40歳以上の市民	成人保健対策の一環として、脳卒中・心臓病等の循環器疾患を早期に発見し、市民の健康の保持増進に努めます。

事業の内容

成人基本健康診査の実施
1. 実施場所　　保健所（所内・所外）及び市内の委託医療機関
2. 受診回数　　年１回
3. 検査項目　　身体計測、理学的検査、血圧、尿、血液検査
　　　　　　　必要に応じて心電図、貧血、ヘモグロビンA_1c、眼底撮影
4. 健診費用　　1,000円　※免除制度有り
5. その他　　　40歳・50歳はなごやか健診として実施（自己負担金無し）

開 始 年 度	昭和 33 年度	根拠法令・要綱等	老人保健法、成人保険対策実施要綱

事業費・人員	15年度決算額	16年度決算額	17年度予算額	計画掲載	名古屋市新世紀計画2010第２次実施計画 有 48 頁
事業費（千円）	1,226,165	1,084,845	1,156,111		個別計画　はつらつ長寿プランなごや2003 29 頁

財源内訳		15年度	16年度	17年度	事業の実績	単位	15年度	16年度	目標19年度
	国・県支出金	308,934	300,613	306,014	① 受診者数	人	136,444	139,981	162,000
	地 方 債								
	その他特定財源	32,509	32,694	37,600	②				
	一 般 財 源	884,722	751,538	812,497					
職員数（人）		20.7	20.0	20.7					

成果指導		事業の目的の成果を測る指導	指標設定の考え方	単位	15年度	16年度	目標19年度
	①	基本健康診査受診率　[基本健康診査受診者数／基本健康診査対象者数]	受診率の向上を図ることにより、生活習慣の改善意識の向上を図っていきます。	%	54　目標（ 58 ）	55　目標（ 59 ）	60
	②				目標（　　）	目標（　　）	

事業開始時からの状況変化及び事業の改善点等

平成15年度より対象者を国の基準にあわせ40歳以上とするとともに、健診費用についても、国の考え方に沿って一部を負担していただくこととしました。

				その他
評価	必 要 性	4	循環器疾患を始めとする生活習慣病の早期発見・早期治療のためには、基本健康診査事業は必要かつ有効なものであり、引き続き受診率の向上を図り、市民の生活習慣病の予防に努めていく必要があります。	総合評価
	有 効 性	3		
	達 成 度	3		B
	効 率 性	3		

※実例紹介のために作成したものですので、実際の記述よりも簡略化してあります。

第2部　行政評価の活用(Ⅰ)—予算編成と事務事業評価

　地方財政の現状は厳しくなるばかりですが、危機の原因は、マクロ経済の低迷による自主財源・移転財源合わせての歳入減、および、高齢化などによる構造的支出や公債費などの義務的経費の増加という歳出の硬直化、といった外的な要因が多く挙げられてきます。しかしながら、危機の原因をすべて外的要因だけに求めてしまえば、その解決の糸口は見つかりません。

　一方で、1990年代後半から、ニュー・パブリック・マネジメント（以下、「NPM」）による改革が各地で取り組まれるようになりました。NPMは、公共サービスの効率化や質の向上（市民満足度の向上）を目的に取り組まれた改革のアプローチですが、先んじてNPM改革に取り組んできた欧米各国においては、いまや、財政の健全化をひとつの目標として、予算編成の改革にまで進もうとしています。予算論の大家であるウィルダフスキーが指摘するように、「政治過程に触れることなしには、予算過程における重要な改革を行うことはできない（ウィルダフスキー〔1972年.pp181-182〕)」ことを考えれば、NPMは予算配分を巡る政治行政システムの変革にまで迫ったと言えるのです。

　その予算編成改革を一言で言えば、「成果志向の予算編成」ということになります。ここで、「成果」とは、NPM改革の核心である「成果／業績」を指します。したがって、行政評価によって成果／業績に数値目標

を設定して、その一方で、事業実施者に大幅な分権を進めるというNPM改革の考え方を予算編成に導入したことを意味しています。

 ## 行政経営改革の理論

1　行政経営改革に取り組んだ各国の背景

　1970年代後半、英国など欧米諸国の現状は、インフレと景気低迷が同時進行するスタグフレーションに見舞われていました。低迷する経済のために失業者が増大する中で、失業手当を給付したり職業訓練を行なったり、さらには、景気浮揚のための需要喚起などで財政支出は増加しました。一方で、景気低迷から税収は年々低下していたため、財政の収支ギャップは広がり、財政赤字が累積しました。こうした事態に、度重なる公務員不正による行政不信が追い討ちをかけることになります。財政赤字を解消するために、政府が増税を提案しても、信頼のおけない政府には余計なお金を払いたくないという国民心理が強く、議員は選挙でも、こうした国民心理を配慮せざるを得ません。

　また、頻発するストと高止まりをした賃金水準のために、景気は停滞し、国民生活も大きな打撃を受けていました。財政赤字は拡大の一途をたどり、1974年には、とうとう国家予算が自力では編成できなくなり、国際通貨基金（IMF）から、緊急融資を受けることになります。この緊急融資は、1998年にも韓国が受けていますが、これを受けると、厳しい予算編成、具体的には、収支を均衡させるために、支出を大きく削減す

ることを求められます。それでも、なかなか支出の削減が進まない英国に1979年に登場したのが、「小さな政府」を理念として掲げる保守党のサッチャー政権でした。後に「NPM改革」と呼ばれる行政経営改革の始まりです。

2　NPM改革以前の行政改革手法

行革３点セットメニュー

　英国に端を発するNPM改革とは何かを説明する前に、NPM改革が登場する前に、日本ではどのような方法で行政改革に取り組んでいたのかを見てみましょう。NPM改革の特徴がよりわかりやすくなると思います。

　日本では、1970年代後半から高度経済成長に翳りが見え始め、さらに、２度にわたるオイルショックなどを経験してからは、安定成長の時代にはいりました。公共部門ではそれまでの右肩上がりの税収はもはや望めず、一方で福祉サービスを拡充するなど、「歳入の伸び悩み」と「歳出の急速な伸びと硬直化」が進んでいきます。そして、それまで財源移転により自治体を支えていた国の財政も厳しくなると、自治体における行政改革が焦眉の急となりました。この時点で、住民の負担増を回避するために、減量型の行政改革が多くの自治体で取り組まれるようになります。

　この減量型行政改革の手法として、主に、予算シーリング、定数削減、機構改革の３つが挙げられますが、どこの自治体でも必ず取り組んだメニューですので、「行革３点セット」などと呼ばれています。これらは、それ自体が否定されるものではありませんが、問題点

もありました。ひとつひとつ見ていきましょう。

予算シーリングの矛盾

　第一が、予算シーリング。歳出を「一律10%」という形でカットする手法です。確かに、歳出の一律削減はできますが、「一律」であるがゆえの限界があります。たとえば、高齢者対策のように需要が増えている事業と、すでに政策の目的を達した事業とが一律で減らされることとなれば、住民ニーズに応えているとは言い難いのではないでしょうか。

　さて、ここで思い浮かぶのが、ある市長さんから聞いた話です。「シーリングで予算が厳しい」という声を市長さんは職員から毎年聞いています。でも、市長さんの目から見て、「まだ、この仕事をしているのか。いつまでやるつもりなんだろう？」という仕事がありました。「廃止」や「終期設定」の指示をする前に、なぜだろうと思った市長さんは、職員全員に、アンケートを取りました。「あなたのしている仕事で、やめても住民は困らないと思う仕事がありますか？」というシンプルなものです。答えを見て市長さんは驚きました。半分の職員が、「ある」と答えたからです。それは、シーリングが原因なのです。つまり、止めても良いと思っていても、シーリングだと今年度予算に９割をかけた予算が付いてしまうのです（図表2-1の事業A）。予算がつけば、仕事をせざるを得ません。ほか

図表2-1　予算シーリングの矛盾

（単位：万円）

事業名	現在予算額	10%カット後	本来必要額	予算過不足額
A	100	90	0	90
B	100	90	150	△60
C	100	90	100	△10

に、もっとやらなければならない仕事（図表2-1の事業B）があるのに…と思ってもです。住民にとって必要な仕事は何か、急いでやらなければならない仕事は何か、という視点から、予算を決めていないということです。成果に対する考え方が欠如して、全体の部局が公平に、文句が出ないように予算を削る方法なのです。図表2-1で見ても、「本来必要額」のとおり予算配分すれば、300万円から250万円へと財政も健全化します。また、0.9を頭の中で5回続けて掛け算してみてください。5回で0.5に近くなります。シーリングを続けていれば、5年で予算が半分になるのです。シーリングは、量の面でも限界があるのです。

定数削減と機構改革

　第二が、定数削減です。民間企業と異なり、自治体の職員は地方公務員法で身分保障がなされており、民間企業のように直接的な人員削減はできません。が、一方で歳出予算に占める人件費の割合が高いことから、目を付けられたのが定数の削減でした。各部局が公平に職員の数を削減するという公平な方法ですが、高齢者の福祉や環境対策など、かえって職員を増加しなければならない部署でも減らされるのです。ここでも予算シーリングと同様、成果志向の欠如を指摘できます。

　第三に機構改革です。「一部一課削減（ひとつの部でひとり課長を減らします）」というようなものです。これでは、仕事をもとに機構を変えているとは言えません。また、部制を廃止するなどの方法がありますが、機構改革が本来の行政ニーズに合ったものであれば歓迎されるべきです。しかし、単に「部長職」をな

くしただけにとどまるのでは、その効果はあまり期待できないでしょう。機構改革で目指すべきは、部局横断の課題に即応できるような組織体制にすることなどであって、常に行政需要・現状をとらえての改革であることなのです。

さて、行革3点セットに共通して言えることは、「住民不在」ということです。行政改革の目的と具体的手法など全く住民のニーズと別のところで発想され進められていたことです。

2　行政経営改革の4つのポイント

前節では、「これまでの行政改革」に見られた誤謬を指摘しましたが、それでは、「これからの行政改革」はどうあるべきでしょうか。実は「これまでの行政改革」の反省がそのまま解答になるのです。つまり、第一に、「成果を重視すること」、第二に、「住民への情報提供を十分に行うこと」、第三に、「行政活動の成果を最大化するための財源・人的資源の配分を行うこと」の3つのポイントに集約できます。そして、これらが目指すべき「21世紀型行政経営改革」なのです。

これら3つの行政経営改革のポイントを支えるのが、前述したNPMです。NPMの核心は、『民間企業における経営理念・手法・さらには成功事例などを可能な限り行政現場に導入することを通じて行政部門の効率化・活性化を図ること』（大住荘四郎『ニュー・パブリック・マネジメント』（1999年、日本評論社））と要約できます。そして、そのポイントは4点（①業績／成果による統制、②市場による統制、③顧客主義への転換、④統制しやすい組織への変革）になります。

以下、順次、説明をします。

ポイント①　業績／成果による統制と権限移譲

　第1の業績／成果による統制ですが、経営資源の使用に関する裁量を広げるかわりに、業績／成果による統制を行うということです。これは事業を執行する部門の長に予算や人事などの決定権限をできる限り移譲すること、すなわち分権化と不可分の概念なのです。まず、分権化ですが、できる限り住民に近いところで仕事をしている人々に権限を与えた方が、より素早く、住民ニーズに沿った対応をすることができるということが大切なポイントです。せっかくニーズをとらえても、それが対策となって講じられるまでの間に上下の意思疎通の時間がかかったり、集権的に一律に予算を決めてしまうために柔軟性がなかったりすれば、住民のニーズに応えるサービスにならないのです。

　決定や予算配分の権限をできるかぎり現場に近いところに委譲するかわりに、やるべき仕事を目標に向かって行ったのかをチェックしないと、分権したことは間違いだったということにもなりかねません。そこで、設定した業績目標の達成について、常に報告する仕組み、すなわち、行政評価が必要になってくるのです。

ポイント②　競争原理の導入

　第2のポイントは、行政サービス部門に「競争原理」の導入を図ることです。これまでは、「本来、市場のメカニズムに任せていたのでは供給することの難しいサービスを行政は行っているのだから、市場原理を働かすことは現実的ではない」と考えられてきました。

果たしてそうでしょうか。日本では、ゴミ収集事業などをはじめ、すでに民間委託などが進められている分野、つまり民間が市場原理の中で取り組んでいる分野も多いのですが、そうでない分野にしても、「民間が担うとしたら」という仮定でコスト計算して、その結果を公共直営の場合と比較することもできるはずです。コスト計算ができ、さらに、その業務を担う民間企業が存在するのであれば、民間企業と競争させればよいというのが、サッチャー政権時代に導入された「強制競争入札（Compulsory Competitive Tendering：CCT）」や「市場化テスト（マーケット・テスティング：Market Testing）」です。

　ただし、競争原理とは強い者と弱い者とを決める原理ですから、弱い者を救う原理は持ち合わせてはいません。一方で、公共部門の大切な役割は、社会的な弱者を救済すること、社会的な排除をなくすことにあります。ですから、公共部門が競争原理をナイーブに導入してしまうことには危険が伴います。実際に、イギリスでは、サッチャー政権時代に急激に導入された競争原理による「負の遺産」が、福祉や教育の場面で現れました。競争原理は、公共部門に効率化を促すこと、公共サービスの質の向上を高めることのために有効な原理と考えるべきでしょう。

ポイント③　顧客主義への転換

　第3の顧客主義への転換ですが、誰のための行政サービスなのかを考えて、住民が最も満足する公共サービスの提供を公共部門の第一の目的とすることです。この時に、顧客ニーズの的確な把握と実際に執行された施策がどの程度住民の満足度向上に寄与してい

るかを随時把握していることが必須です。

ポイント④　統制しやすい組織への変革

第4の統制しやすい組織への変革については、ポイント①業績／成果による統制と権限移譲のところで述べたことと重なりますが、縦割りの重厚な官庁組織はやめて、現場に近いところで階層の少ないフラットな組織によって、より決定を迅速に行っていく、ということです。

予算の目的と編成の問題点

この章では、自治体の予算編成について、その目的を整理したうえで、現状の予算編成が目的を十分に達成していない原因を説明します。その上で、予算編成改革のアプローチの仕方を示します。

1　予算の目的

予算とは何か、という問題は、『コラム③予算とは』に簡単にまとめてありますが、財政学のみならず、行政学、会計学においても、長年論じられてきましたので、ここでは、予算の「目的」について整理しておきます。

予算の目的は、次の3点になります。

①　総額についての規律の維持

予算の目的の第1は、歳出・歳入（さらには、財政

収支や債務残高)の総額をコントロールすることです。予算を通じて、総額についての財政規律を働かせるわけです。さらに、財政規律とは、単年度の収支の健全性、中長期の債務償還可能性などを意味しています。そこで、首長は、予算編成の冒頭で予算総額上限を提示し、かつ地方債残高の上限額・基金残高の下限額についても合わせて提示し、これらの順守についてコミットすることを宣言することになります。予算審議において議会も、その順守をともにコミットすることになります。こうした首長と議会の行動を民主的に規制するのが財政運営基本条例です。岐阜県多治見市、富山県滑川市、大阪府、岐阜県関市、埼玉県和光市などに例が

コラム③ 予算とは

　予算とは文字どおり理解すると、予め算定することを意味する。つまり、一定期間における収入と支出の予定あるいは計画が、予算だということになる。

　しかし、予算が一定期間における収入と支出の予定、あるいは計画だとすると、政府という経済主体だけでなく、あらゆる経済主体が予算を策定しているということができる。つまり、企業も家計も、将来の収入や支出の予定、あるいは計画としての「予算」を策定している。

　とはいえ、それはここでいう予算ではない。英語でもフランス語でもあるいはドイツ語でも、予算にはバジェット（budget, le budget, das Budget）という語があてられる。それはイギリスの議会における慣習から誕生している。バジェットとはガリア語の「袋」に語源があり、イギリスの大蔵大臣（Chancellor of the Exchequer）が予算書を入れる「革鞄」を

あります。財政運営の基本ルールが議決されることで、当該条例の示すところに従って首長は予算編成し、議会は、そのルールに沿って予算編成・執行を統制していくという体制が確立されることになります。

②　資源配分の効率化

　次に、政策目的に沿って、資源を優先順位の高い分野へシフトさせること、より生産性の高い機関・部署やシフトさせるという目的があります。財源とは有限なものですので、すべての要求内容を満たすことは、もとより不可能です。そこで、予算編成では、優先順位によって財源配分を決めていきますが、新規事業や

意味している。

　イギリスでは予算審議を開始するに際し、大蔵大臣が財政演説を始めることを、「予算を開く（open the budget）」という。予算書は大蔵大臣が「革鞄」を開くまで極秘にされ、「革鞄」を開く瞬間に「公開」されるからである。

　バジェットという意味の予算は、政府しか策定しない。というのも、バジェットという意味での予算は、単なる予定や計画ではないからである。つまり、予算とは強制力に裏打ちされた拘束力のある文書なのである。

　このように予算とは、一定期間の予定収支でもなければ、拘束力のない財政計画でもないことを忘れてはならない。予算とは一定期間の財政をコントロールする拘束力のある文書なのである。

（出典）神野直彦（2007 年）『財政学　改訂版』有斐閣　75～76頁

拡充事業への優先的配分だけでなく、廃止事業や縮小事業の選定も含めて検討をすることになります。なお、ここでの「効率化」とは経済学の用語ですが、「最適な配分をしている状態」を指します。

③　公共サービスの効率的供給

財やサービスを効率的に生産することを目指します。予算の過程には、「予算要求→予算査定→予算執行」があり、これに決算を加えて、「予算サイクル」とも呼びます。上述の①と②は、主に、予算要求と予算査定に関わりますが、③は予算執行面での目的です。さて、「予算の範囲内で」という言葉がありますが、これは、「予算額を全額使って」という意味ではありません。同じ消費財を購入したり、サービスを提供したりするのであれば、消費財の購入方法を工夫したり（たとえば、一括購入や電子入札など）、直営によるサービス提供ではなく、質の高いサービスを安価に提供できる主体（民間事業者など）を競争によって決定したりすることで、予算執行を効率的にしていくことを指します。なお、ここでの「効率化」は、主に、経営学の用語であり、「一定の産出量を、最小の投入量で獲得すること」を指します。

2　予算編成の現状と問題点

予算の３つの目的が達成しているかどうかという観点から、自治体の予算編成の問題点を整理すると、①増分主義、②投入統制（インプット・コントロール）、③単年度予算、の３点になります。

① 増分主義

税収が右肩上がりで伸びていた頃のことですが、予算編成にあたる財政当局は、税収の増分を配分するということで、施策の優先順位付けを行っていました。すなわち、前年度予算に対して、どの程度増やすかということであり、要求部局から見れば、獲得予算の最大化を図るということになります。これを「増分主義」と呼んでいます。増分主義が支持される根拠としては、限られた時間内で膨大な予算要求の全てを検討する余裕のないため、「ほとんどの予算は前年の諸決定の産物である（ウィルダフスキー）」がゆえに、前年度予算を前提として編成作業を進めていくことが合理的だからという、予算編成上の効率化のためです。

「増分主義」には、２つの問題点があります。第一に、現在のように税収が減少する中で、その「増分」がなくなると、税収増分による優先順位付けは困難になってきます。結果、前年度予算の踏襲になりかねず、行政課題の解決のために施策を選択するという視点がなくなるということです。第二に、仮に増分があったとしても、「予算分捕り」の過程の中で様々な利害関係者が関わってくるために、予算配分の根拠は利害関係者の影響力の強弱で決まってしまうことになります。決まらない場合には、貯金（財政調整基金）を取り崩すか、借金（地方債）を限度いっぱいに行い、財政規律の堅持とは反対の行動をとることになるのです。

② 投入統制（インプット・コントロール）

第２章の図表1-8で示したように、行政活動には、「投入→活動→結果→成果」というロジックがあります。前章で行政経営改革における「成果／業績による

統制」を説明しましたが、行政経営改革では、行政活動によって市民生活の質がいかに変わったか（「成果」）を重視しています。そのため、成果達成の行動原理として、「投入」資源の配分と使用に関する権限をできるかぎり現場へと分権して現場の裁量を広げるのです。一方で、これまでの財政当局による査定では、「何に、どれだけ使うのか」という「投入」に焦点が当てられ、「成果」についての考慮はあまりありませんでした。これでは、「投入」段階から現場の裁量を奪うことにもなり、行政経営改革の考え方に反することになります。したがって、「成果」を重視した行政経営改革を進めていこうとする限り、投入資源の配分は現場に分権化しなければならないということになります。また、資源配分を任された現場では、成果を最大化するにはどのような配分をするのがよいのかという視点を持つことが求められることになるわけです。これを、「枠配分予算」、「包括的財源配分予算」などと呼んでいます。

③ 単年度予算

　日本の自治体は、単年度予算です。一方で、自治体の仕事は、１年間で終了するものばかりではなく複数年度にわたる施策も多いために、中期的な視点で計画的な財政運営を行おうとすると、単年度予算では限界が現れることになります。また、予算が年度末に余っていると、当該年度の予算が過剰だと見られて翌年度予算が削られることから、年度末の駆け込み執行を招くことになります。これでは、効率的な予算執行を行っていくためのインセンティブにも欠けていると言えるでしょう。しかし、地方自治法上は、単年度予算

を規定しているわけですから、予算編成上、何らかの工夫をして、中長期的な視点を導入していくことが求められる、ということになります。

コラム④　現金主義と発生主義

　予算も含めて、わが国の自治体会計に関する課題として、現金主義の問題があります。すなわち、現金主義では、発生主義のように、コスト情報がとらえられず、資産・負債というストック情報もきわめて不十分である、ということが指摘されています。

　現在、進められている公会計改革も、現金主義会計から発生主義会計への移行を進めようとしているものです。なお、現金主義会計や発生主義会計は、「会計の基礎（basis of accounting）」と言います。会計の基礎には、4つあり、それらの言葉の定義は、以下の図表のとおりです。

図表　4つの「会計の基礎」

① 　現金主義
　取引又は事象の影響が、「現金」が支払われ、又は受領された時点で認識される。

② 　修正現金主義
　会計期間末日以降の一定期間の現金授受を、その期末日を含む会計年度の収支に反映させるもので、日本の政府部門では「出納整理期間」と呼ばれる制度によって、短期間で入出金が確実に行われる債権債務（「流動財務資源」）を会計年度末に計上することと同じ効果が得られる。

③ 　修正発生主義
　取引や事象が、すべての債権債務など、金融資産・金融負債を含む「全財務資源」に影響を与えた時点で認識される。

④ 　完全発生主義
　取引や事象が、実物資産を含む「経済資源」に対して影響を与えた、すなわち、取引や事象が発生した時点で認識される。

（出典）稲沢克祐（2007年）『公会計　改訂版』同文舘出版　P19 図表2-2

3 予算編成改革のアプローチ

　次に、第3章で整理した行政経営改革の理論を基に、本章2で指摘した予算編成の問題点について、解決のための処方箋を示してみることにします。結論をまとめると、「成果志向の予算編成」を目標に掲げて、①経営層による予算編成の集権化、②枠配分予算による予算編成の分権化、③中期財政計画の3点によって、予算編成改革を行うということになります。ここでは、行政評価が主に関係することになる①と②について説明し、③中期財政計画については、本章の後に「補章」として説明します。

(1)　経営層による予算編成の集権化

　予算編成にさまざまな利害関係者が関わる限り、また、財源配分の多寡によって優先付をする限り、総額のコントロールは困難になり予算は肥大化します。あるいは、利害関係者の力の強弱で予算配分が決まっていく、という「公正」に反することにもなりますし、施策ごとの優先付に、予算調製権を握る首長の意向は反映されにくくなります。総額を抑制して、首長の意向を反映させるためには、首長を中心とする少数の集団（首長、副首長等に加えて財政と企画の担当部長等。以下、「経営層」）で、「総額の決定」と「施策の優先付」を行うことが活路となってきます。こうした予算編成の形態を、「経営層による予算編成の集権化」と呼び、具体的には、以下の事項の決定を目的とします。

① 起債総額上限設定と歳出総額決定

　まず、歳入が減少する中での予算編成は、歳入見積もりに合わせて歳出額を決定する「量入制出（入るを量って出ずるを制す）」となっています。こうした状況における歳入の見積もりにおいて、一般財源の太宗である地方税や地方交付税などは確かに重要ですが、諸外国の例を見ても、総額コントロールの視点から地方債発行額の上限を設定することが重要なポイントとなります。すなわち、起債償還能力を考慮して新規地方債の発行上限額を設定し、その額から、投資的支出の上限額を設定していけば、総額コントロールが可能になり、持続可能な財政運営へと向かうという考え方です。こうした観点から行う地方債発行額の上限設定、すなわち、投資的事業の総量抑制こそ、経営層の判断によるべき事項であり、年度当初に決定しておく必要があるものと言えるでしょう。いかなる要求も、この財政規律を堅持することを大前提に検討をしていくことになります。

② 施策ごとの集権的財源配分

　これまでの財政部門による査定型予算編成では、ボトムアップで予算編成を進めるために、首長が予算の全容を知るのは編成課程の最後でした。したがって、首長が優先的に進めたい施策を選択することには限界がありました。さらに、実施計画は、いわゆる臨時的経費であるがゆえに、財源が減少する中では縮小を余儀なくされてしまいます。

　経営層による集権的な予算編成では、この流れを逆転させ、次のように進めていきます。すなわち、新年度を迎えるとすぐに、経営層によって、当該年度を含

む中期的な重点目標を総合計画と整合性を図りながら決定してしまいます。各部局は、その重点目標に沿った施策を立案して、経営層に対して、目標達成に向けた当該施策の妥当性や有効性を示して要求します。一方で、財政部局は、これら施策の中期的な財源負担見込みが過少かどうか、補助金などであれば、そのスキームに将来の負担増が隠されていないかなどの観点からヒアリングを行い、同席する計画部局も、計画との整合性をヒアリングします。このヒアリングから得た情報を逐一、経営層につないでいきます。夏には、首長が当該実施計画事業とその事業費、後年度の財源見込みまで内示するという順序を踏みます。まずは、財政規律を堅持する中で、実施計画を可能な限り進捗させていくという目的を果たそうとするわけです。

(2) 枠配分予算による予算編成の分権化

夏に首長が実施計画事業の事業費を内示した後、当該内示に漏れた投資的経費等に加えて経常的な経費、要するに、義務的経費と実施計画事業費以外の経費について、部課長のイニシアチブによって冬までに予算編成をしていきます。いわゆる「枠配分予算」です。

枠配分予算と行政評価

「裁量権がなければ結果に責任が持てない」という行動原理に立った予算編成方式が、「枠配分予算」であり、原課に財源配分を任せる「予算編成の分権化」です。実は、多くの自治体職員の記憶にあるように、「枠配分予算」という言葉は、以前から存在していました。ですが、かつては、部（課）ごとのシーリングと同義

のように使われていたために、その意義に疑問を持つ
向きも多いようです。しかし、かつての枠配分予算と、
現在の行政経営改革における「成果向上のための行動
原理としての枠配分予算」とは、以下の２つの点で大
きく異なります。第一に、行政評価と連動している点、
第二に、経営層による予算編成の集権化とセットで進
められる点です。

　まず、第一の行政評価との連動の点から整理しま
す。財源配分を任せられた原課では、成果を上げるた
めに最適と考える事務事業の構成を構築して予算編成
をします。しかし、配分される財源は限られています
から、不要不急の事務事業は改廃し、その代わりに、
優先度・重要度・緊急度の高い事務事業を拡充したり
新規立案したりするというプロセスを踏むことになり
ます。そして、このプロセスでは、行政評価が不可欠
となるのです。すなわち、取り組んだ事務事業につい
て、実際に対象や手段が妥当だったのか、意図した成
果が得られたのか、上位施策の目的実現に有効だった
のか、効率的に執行していたのか、といった妥当性・
有効性・効率性の視点から評価するわけです。その結
果を基に、前年度の財源配分を検証し、次年度予算編
成のために、事務事業を改善・改革したり、逆に、新
規の事務事業を創設したりして、財源配分をシフトさ
せていくことになります。行政評価に基づいた事務事
業の改善・改革によって予算配分を検討していくとい
うことですが、また、これは、次のようにも言い換え
られます。行政経営改革の原理である「成果を上げる
ために権限を原課に移譲すること」によって成果を求
めれば、実際に成果が上がったかどうかを統制してい
く必要が生じ、この成果確認のツールが行政評価だと

いうことです。

予算編成における集権化と分権化のバランス

　さて、第二の「集権化とセットで進められる」ということについて、「集権化」とは、前述した「経営層による予算編成の集権化」のことです。ところで、集権化と分権化は対立する概念なのですが、この対立から「成果志向の予算編成改革」へと進めるには、次の2点に留意する必要があります。

　第一に、意思決定レベルを峻別することです。前述のように、自治体の重点目標の達成に向けて、資源の配分にメリハリを効かせていく戦略的意思決定は、経営層が集権的に行います。一方で、運営的事項に関する意思決定については、できる限り現場（原課）に分権化することとするのです。第二には、集権化と分権化のバランスを図ることです。「集権化と分権化とのバランス」とは、次の図表2-2に示す式に留意することを言います。

　すなわち、歳出総額は年度当初に決定されていますから、義務的経費を所与として、夏に内示される実施計画事業費を多めにすれば、図表2-2の式に従って枠配分経費は削減されるわけですが、その削減度合いが大きすぎると、成果の向上を条件に財源配分を原課に任せる予算編成の分権化は画餅となってしまいます。一方、その逆では、総合計画の実施が犠牲になってしまいます。そこで、この実施計画事業費と枠配分経費

図表2-2　歳出総額の構成要素

歳出総額 ＝ 義務的経費 ＋ 実施計画事業費 ＋ 枠配分経費

とのバランスを考えるために、補章で説明する中期財政計画の策定が不可欠となってきます。

　成果発現期間が中期である実施計画および施策と、1年で成果の発現を期待する事務事業との相違は前述したところですが、実施計画に掲載されている施策は、重点的施策と言ってもよいでしょう。したがって、予算配分を集権的に（トップダウンで）意思決定する対象となりますし、一方で、それ以外の事務事業については、むしろ、予算配分の権限を分権的に意思決定できるようにしておき、現場に近い組織（原課や出先機関）による分権的予算編成とするのが妥当でしょう。

コラム⑤　予算編成改革の５つの視点

　　近年、自治体の予算編成改革は、さまざまな視点から取り組まれています。予算編成改革の考え方を５つに整理すると以下のようになります。すなわち、財政の持続可能性を堅持しつつ（①規律性）、希少な資源を優先性の高い施策に配分すること（②戦略性）。優先性は成果の視点から検討される必要があるため、成果を実際にあげる部署に予算査定権限を分権するなどの改革が求められます（③合理性）。また、成果の視点を重視するならば、住民や議会といった主体が予算編成に参加すること（④参画性）、その参加のためには、予算編成の段階からわかりやすい開示が求められる（⑤透明性）ことになります。

図表　予算編成改革の視点と具体的手法

視　点		予算編成改革の具体的手法	備考
規律性	中長期	中期財政計画の策定	
	単年度	予算執行の効率化（インセンティブ予算）	
戦　略　性		● 集権的予算編成（トップ・マネジメントの強化） ● 総合計画と予算との連動	行政評価の活用 →業績予算の導入
合　理　性		● 経費別の予算編成 ● 分権的予算編成（枠配分予算）	
参画性	議会	議決権の積極的行使	
	住民	市民参加型予算	
透　明　性		● 予算編成過程の公開 ● 財務情報の網羅性・わかりやすさの向上	

（出所）稲沢克祐、鈴木潔、宮田昌一著、日本都市センター編（2012）『自治体の予算編成改革―新たな潮流と手法の効果―』ぎょうせい　30頁、図表1-10

中期財政計画

　ここでは、「中期財政計画」について、簡単に説明します。

1　財政計画策定の手法

　まず、財政計画の策定について、その視点をまとめておきます。財政計画には、以下の2通りがあります。第一に、現在の決定が、将来の財政構造や後年度負担の情況に与える影響を示す方法であり、第二に、財政収支が悪化していく時、その財政収支を一定期間内に埋める方向性を示す方法です。前者を「インパクト分析」、後者を「ギャップ分析」と呼びます。

「インパクト分析」と「ギャップ分析」

　「インパクト分析」は、新規政策を提案したり既存政策を変更したりするときに、その中長期的な財政的影響を分析するためのものです。必ずしも、財政赤字に直接関係はないものの、数年先に首長と議会が、新規政策をどれだけ提案できる余裕があるのか、あるいは、財政赤字を極端に発生させないようにするにはどうしたらよいか、を考察する意義があります。

　一方、「ギャップ分析」では、このまま放置しておけば財政収支がどの程度まで悪化するかの予測を立て、そのギャップを解消するには、どのようにしていけばよいかという選択肢を提示します。たとえば、職員人件費の上昇率を抑えたり、庁舎維持管理費用の効

率化を進めたり、さらには、住民負担を求めるなどが考えられるでしょう。いわゆる行政改革案の効果を財政見通しに算入することで、短期的な財政赤字の解消を果たし、中長期的に持続可能な財政運営の指針を立てておくことになります。

「インパクト分析」の要素を加味した「ギャップ分析」
　財政収支の悪化解消が緊急課題になっている現在の状況では、「ギャップ分析」を重視することが多くなります。一方で、実務的には、実施計画事業の中長期的な一般財源所要額や投資的事業の後年度負担を財政計画に織り込んでいく必要性から、「インパクト分析」の要素を加味することが必要になってきます。ここで、「インパクト分析の要素を加味する」とは、収入リスクに応じた計画事業の実施規模・進め方を予め、いくつか想定しておくことを意味しています。一般に、一度始めてしまった計画事業は、財政状況が悪化しても止めるわけにはいかないために、想定していたよりも大きな赤字、すなわち、地方債残高の増加を招き、結局は、増加する公債費の圧迫によって、より財政状況を低下させることになるという循環にはまってしまうことになります。これは、財政計画を立てるときに、収入状況による事業実施の選択肢を想定していないことに起因しています。少なくとも、地方税、地方交付税、国・県支出金という歳入の太宗については、その収入予測を、リスクによって３段階程度に推計しておくべきでしょう。そして、その推計値を基にして計画事業をどの程度まで後年度に実施するのかを計画しておく必要があります。

2 財政見通しと財政計画との違い

　それでは、中期財政計画とは、どのようなものでしょうか。これまでも、各自治体で、「中期財政見通し」といった名称のものを作成しているはずです。ですが、「見通し」なのです。「見通し」と「計画」との違いですが、まず、「見通し」は、予測に過ぎないがゆえに、数値予測を外れても特にアクションはありません。しかし「計画」と呼ばれるからには、計画数値から離れてきた場合、すなわち、財政規律の点から問題が生じた場合には、何らかのアクションを起こして、軌道修正し財政規律を堅持することができるものでなければなりません。

　そのためには、まず、現実的な財政目標値が財政指標によって設定されているということが前提となります。その上で、アクションの根拠となる「実施計画」と「行財政改革計画」とが、財政計画の中に、盛り込まれていることが必要なのです（図表2-5）。

3 フローとストックの財政目標の設定

　まず、財政指標と財政目標値について説明します。
　平成の大合併が動き出した要因のひとつが、昨今の地方財政の悪化でした。地方税収が落ち込む一方で、バブル崩壊以後、「失われた10年」において地方債を

図表2-3 財政見通しから財政計画への転換

財源として進められたハード事業が、公債費と維持管理費用の増加をもたらしました。さらに、将来的には、少子高齢社会における生産年齢人口の減少による税収減および高齢者等への扶助費の増、老朽化資産への更新投資費用の増という構造的な要因が加わります。

　こうした状況下での財政計画には、前述したように、実施計画事業の財政負担を勘案したギャップ分析が主軸となります。その場合、当面は、単年度の財政赤字の解消が目標となるのですが、中長期的な財政収支の悪化理由が構造的なものである場合には、さらに、持続可能な財政運営を掲げた財政目標が、財政のフローとストックの両方の視点から必要になってきます。

　フローの視点では、第一に、「財政の健全性」の視点があります。指標の例としては、収支改善の点から、実質単年度収支などです。第二には、義務的経費を賄った後にどの程度の財源を投資的経費などの計画事業実施に回せるかを見る「財政の弾力性」の視点です。指標の例としては、経常収支比率です。

　ストックの視点では、第一に、「財政の平準化」を図るための視点があります。予期し難い事情による歳入額の大幅減少や歳出額の大幅増加などにも備える力

図表2-4　三重県四日市市の財政指標と達成目標値（平成16年度から18年度）

	視　　点	指　標　名	達　成　目　標　値
フローの指標①	財政の健全性	実質単年度収支の3年間累積額	19年度までに黒字化
フローの指標②	財政の弾力性	経常収支比率	3年間で6.9％低下（14年度水準）
ストックの指標①	財政の平準化	財政調整基金残高	15年度当初14.4億円 →18年度末30億円
ストックの指標②	将来負担軽減	地方債残高	15年度当初1129億円 →18年度末990億円

【注】達成目標値に、15年度当初を記載しているのは、計画策定時点が15年度であったため。

がどの程度あるのかを資産の点から把握します。例として
しては、財政調整基金残高です。さらに、第二に、「後
年度負担軽減」の視点から、地方債残高が指標になり
ます。地方債の償還費用（公債費）は義務的経費であり、
前述の経常収支比率を上昇させる要因です。すなわち、
地方債残高が大きくなりすぎると、財政の硬直性、ひ
いては収支健全性にも影響してくるからです。一方で、
この指標による目標値の設定は、どの程度まで投資的
事業を起債によって進めるかを決定する視点を入れな
いと、今度は、実施計画の遂行を犠牲にすることにな
ります。そのために、地方債残高を投資的経費との関
係から統制する必要があります。その考え方を示した
のが図表2-5です。

図表2-5　投資的経費と地方債残高の統制

地方債残高の統制
→　新規発行地方債に係る事業費の見積もりをどうするか。
→　債務償還可能年数の他団体比較により、負債部分の総額統制を行う。
→　新規発行地方債額　÷　地方債ごとの充当率　＝　新規事業費総額
→　新規事業費総額を基に、投資的経費の総額（Ⓐ）を推計
→　Ⓐが、実施計画事業費の上限となるよう、財政課の予算査定で留意する。

　図表2-4は、上記の考え方にしたがって設定された
三重県四日市市の財政指標と目標値ですが、平成18年
度末（平成19年３月31日）を目標時点とする４つの目
標値が設定されています。なお、このうち、財政調整
基金残高を除く３指標については、達成されています。
　また、四日市市にあっては、平成29年４月～令和２
年３月を対象とした「行財政改革プラン2017」を実施
中であり、当該プランにおける財政指標は、以下の５
指標となっています。

【健全な財政運営の視点（フロー指標）】
① 経常収支比率
② 実質収支比率
③ 実質公債費比率
【持続可能な財政基盤の確立の視点（ストック指標）】
④ 全会計市債残高
⑤ 財政調整基金、都市基盤・公共施設等整備基金残高

　なお、同プランでは、「指標を達成する上で必要な財政運営の手法を明文化することで、健全な財政運営を行っていきます。」として、各指標の説明とともに、当該手法を記述しています。たとえば、①経常収支比率には、以下の記述があります。

　　「経常収支比率の水準を保つため、義務的経費のうち人件費、公債費の増加を抑制するとともに、事業の効率性を高め、間接的な経費を削減するとともに、収納率の向上や適正な受益者負担を設定することで経常的な収入の確保を図ってまいります。」

4　中期財政計画の姿

　次に、アクションの根拠となる「実施計画」と「行財政改革計画」とを財政計画の中に、いかに盛り込むか、という点について説明します。

　結論から言えば、中期財政計画には、実施計画事業費の合計額と行財政改革計画の効果額が転記されることになります。「財政難を理由に総合計画の実施を諦める」という発想から、「総合計画実施のために行財

政改革計画を断行する」という発想に転換するという姿勢を中期財政計画の中で示したもの、とも言えます。すなわち、図表2-6に示すように、中期財政計画の中に実施計画事業費が内書きされています。一方、今般の財政状況では、歳入見通しと歳出見通しの差は、マイナス（△）となっています。そのために、その下の欄にある「財政対策（行財政改革、基金取り崩し、枠配分財源縮減）」を講じるわけです。この図からわかるのは、実施計画事業費を計画のとおり支出できるかどうかは、その下欄の行財政改革計画値と枠配分財源の縮減という財政対策の実効性を示す数値の実現いかんにかかっている、ということです。

図表2-6　中期財政計画のイメージ

	18年度	19年度	20年度	21年度	22年度	23年度
A　歳入見通し						
B　歳出見通し						
義務的経費						
実施計画事業費	・・					
その他経費						
C＝A－B　収支		△	△	△	△	△
D　財政対策						
行財政改革計画値						
基金繰入金						
枠配分財源の縮減					0	0
E＝C＋D　収支再掲	・・	0	0	0	0	0

（注）2018年度策定の2019～2023年度を対象とした計画

事務事業評価を活用した予算編成―成果志向の予算編成と決算

この章では、第4章で示した予算編成改革を実現するために、具体的な方策として、事務事業評価を活用した予算編成の進め方を示します。第1節では、事務事業評価の予算編成への活用について現状を分析します。その上で、第2節では、活用に向けた課題と解決方法を具体的に示して行きます。さらに、第3節では、事務事業評価の決算への活用方法を示します。

1　予算編成への活用の現状

第1章でとり上げた総務省調査（総務省2017年「地方公共団体における行政評価の取組状況等に関する調査結果（平成28年10月1日現在）」）では、評価結果の活用方法として、予算編成への活用を「予算要求への反映状況」と「財政当局等の予算査定等への反映状況」に分けて回答を求めています。その結果、予算要求へは行政評価導入自治体の約4分の3（76.3％）が「反映している」としています。一方で、予算査定等への反映では、3割弱（29.3％）が「原則反映」、6割弱（59.4％）が「参考程度」としており、予算要求と予算査定とでは、活用の度合いが異なるようです。

さらに、同調査では、行政評価の課題として、「評価指標の設定」、「評価情報の住民への説明」、「議会審議における活用」など、8項目を挙げています。このうち、予算や人員といった資源配分および計画への活

用、すなわち、「計画（Plan）→執行（Do）→評価（See）」というマネジメント・サイクルの「計画」局面への評価の活用に関する課題と、それが課題であると回答した自治体の割合は、「予算編成等の活用」で71.3％、「定数査定・管理への活用」で35.5％、「長期的な方針・計画との連携」（51.3％）となっています。一方で、「行政評価事務の効率化」を課題とした自治体は79.5％に及んでいるため、事務量の割には、自治体が求める行政評価の活用方向と実態とが乖離していることが浮かび上がってきます。

そこで、この章では、予算編成への活用をどのように進めていくかを解説します。なお、長期的な方針である総合計画との連携として、その進捗管理については、第7章で解説します。

2　予算編成への活用に向けた課題と解決方法

「予算編成への活用」と言う場合、主に、予算要求に活用する段階と予算査定に活用する段階に分けられます。したがって、「予算編成に活用できない」と言う場合の課題も、この2段階に分けて考えた方がよいことになります。

予算編成に活用する場合の課題としては、①予算事業と評価事業が一致していないという「単位」の問題、②予算編成時期と評価時期とのずれという「タイミング」の問題、③予算査定が投入志向であるか成果志向であるかという査定視点の3点に分けられるでしょう。活用の2段階から見れば、①と②は主に要求に関する課題であり、③は査定に関する課題です。

①　評価事業と予算事業の不一致の問題と解決方法

　予算編成への活用では、行政評価において考察した今後の改善・改革案を具体的に予算に反映させることを意味していますから、評価事業と予算事業とが一致していることが前提となります。予算事業をそのまま評価事業とする例では、一見、両者は一致しているように考えられます。ですが、予算事業は、予算管理上の理由から構成単位を検討しているため、「○○負担金」といった小規模な負担金が予算事業となる一方で、「○○関係事務」と称する大規模な予算事業も存在して、評価の観点からは、不都合な場合があります。ここで、「不都合」とは、事務事業の成果指標を設定し目標管理していくという業績測定型の評価において、適切な成果指標を設定できないということです。

　この課題を解決するのが、予算事業をいったん下位の単位である「予算細事業」に分解して、細事業ごとに「対象―手段―意図（成果）」を検討した後、共通する意図（成果）により細事業を再編する手法です。筆者は、大阪府貝塚市や埼玉県秩父市において、この再編作業に関与しましたが、短期的な事務量は増えるものの以後の指標設定が容易になることや人件費のみの事務事業も同時に棚卸しできるなどの派生効果も大きいものでした。

　以下、具体的に「予算事業と評価事業を一致させるための予算細事業分解」について解説します。

　まず、図表2-7のように、予算事業の中の細事業をリストアップしていきます。次に、図表2-8の「事務事業整理シート」に示すような「細事業を意図の類似性で括る」作業をしていきます。この作業において、細事業には、それぞれ予算番号を付してありますから、

予算事業と評価事業とが不一致を起こすことは防げるわけです。一方で、細事業の意図の類似性で括りますので、評価対象事業は常に同一の意図で整理されていることになります。

② 予算編成時期と評価時期とのずれの問題と解決方法【事中評価】

自治体の実践例では、3月末時点での業績情報を基にした事後評価が多くなっています。事後評価の場合、6月頃にほぼ確定する決算数値を基にして評価を進めるために、評価作業の終了及び公表は9月頃になります。予算編成との関係から見ますと、N年度の実績がN＋1年度の9月頃に評価・公表されて、同年度10月に行われるN＋2年度予算の要求書に活用されることになり、1年度間のブランクが生ずることになります。

図表2-7　予算事業の予算細事業への分解

予算事業	予算額	細事業(分解)		細事業の概要			会計名	科目コード		
				誰(何)が細事業の対象ですか	どのような手段を使って	対象をどうしたいですか		款	項	目
女性施策推進費	1101	1	女性月間事業	市民	講演会等を開催して	講演会等に参加してもらう	一般	02	01	08
		2	女性月間企画実行事業	女性団体のリーダー等	会議や講演会等を開催して	講演会等に参加してもらう	一般	02	01	08
		3	情報誌発行事業				一般	02	01	08
		4	男女平等推進会議事業				一般	02	01	08
		5	市女性行政推進会議事業	市女性行政推進委員	会議を開催して		一般	02	01	08
		6	男女共同参画推進研修派遣事業	一般応募市民	全国交流の機会を提供して	男女共同参画について研修してもらう	一般	02	01	08
		7	男女共同参画推進研修事業	参加職員	全国交流研修に参加させて	男女共同参画について研修してもらう	一般	02	01	08
		8		参加職員	全国会議に参加させて	男女共同参画の企画立案等を学習してもらう	一般	02	01	08
		9		参加を希望する市民	県主催事業にバスで送迎する	男女共同参画フォーラムに参加できるようにする	一般	02	01	08
		10		町内会・PTA等役員	アンケートを配付・回収して		一般	02	01	08
		11		参加を希望する市民	新年会を開催して		一般	02	01	08
		12	女性団体庶務事業	データバンク登録団体	県等からの文書を配布して	男女共同参画事業等を知ってもらう	一般	02	01	
その他経費	109	13	婦人相談員設置事業	悩みを持っている女性	悩みを聴いて	情報を得て不安を取り除いてもらう				08
		14								
		15								
予算額計	1210									

1. 予算書の「説明」に掲載されている事業名を記入します。

2. 左欄の事業名に係る予算額を記入します。

3. 予算事業で誰(何)を対象に働きかけを行っているのかを記入します。

4. 対象にどのような手段によって働きかけているのかを記入します。

5. 左欄の手段によって、対象をどうしたいのかを記入します。

6. 予算事業を右欄の対象、手段、対象をどうしたいかにより分解し、細事業として設定します。

7. 当該予算の会計名を記入します。

8. 当該予算の科目コードを記入します。

9. 担当の予算額合計と一致するか確認します。

図表2-8　予算細事業と評価対象事務事業との関係（事務事業整理シート）

事務事業名	細事業名	細事業の概要		
		誰（何）が細事業の対象ですか	どのような手段を使って	対象をどうしたいですか
男女共同参画啓発事業	男女共同参画に関するアンケート報告書作成事業	町内会・PTA等役員等	アンケート報告書を配布して	男女共同参画社会を知って気付いてもらう
	情報誌発行事業	市民	男女共同参画情報誌を配布して	男女共同参画に関する情報を知ってもらう
	庁内広報発行業務	市職員	庁内広報を配布して	男女共同参画に関する情報を知ってもらう
	日本女性会議参加事業	参加職員	全国会議に参加させて	男女共同事業の企画立案等を学習してもらう
	男女共同参画推進研修事業	参加職員	全国交流研修に参加させて	男女共同参画について研修してもらう
	男女共同参画ガイド発行事業	市議会議員・市職員・女性団体・市民	ガイドを発行して	市の男女共同参画社会の現状を知ってもらう
男女共同参画推進事業	男女共同参画フォーラム参加事業	参加を希望する市民	道主催事業にバスで送迎する	男女共同参画フォーラムに参加できるようにする
	出前講座講師事業	講座出席市民	講座を開催して	男女共同参画について学習してもらう
	男女共同参画推進講座事業	講座出席市民	講座やワークショップを開催して	男女共同参画について学習してもらう
	女性月間事業	参加市民	講演会やワークショップ等を開催して	講演会やワークショップ等に参加してもらう
	女性月間企画実行事業	女性団体のリーダー等	会議や講演会等を開催して	事業へ参画・実行してもらう
	新年のつどい事業	参加を希望する市民	新年会を開催して	新年会に参加してもらう
男女共同参画促進事業	男女平等推進会議事業	男女平等推進会議委員	会議を開催して	女性プラン推進のため研究協議してもらう
	女性団体庶務事務	データバンク登録団体	道等からの文書を配布して	男女共同参画事業等を知ってもらう
	市女性行政推進委員会事業	市女性行政推進委員	会議を開催して	男女共同参画推進に係る行政施策について話し合ってもらう
	職員講座講師事業	講座出席職員	講座を開催して	男女共同参画について学習してもらう
女性相談事業	婦人相談員設置事業	女性相談者	悩みについて相談に対応する	情報を得て不安を取り除いてもらう

（出所）図表2-7，2-8ともに、秩父市（2008年）「秩父市事務事業棚卸マニュアル」から抜粋

このタイミングの問題を解決するのが、予算要求直前の10月頃に実施する「事中評価」です。事中評価では、事後評価（3月末）以降の各指標の実績の変化および事務事業の環境の変化などを基にした改善・改革事項を再度検討することになる。さて、多くの自治体で採用されている事務事業評価表の構成は前掲した図表2-9（図表1-8再掲）の構成をとっているものです。この中で、ACTION（改善・改革）の部分を、10月時点で再検討し、その上で、図表2-10に示す「改善調書」の形で、改善・改革事項のうち予算要求に関する事項を整理することになります。この点における先進自治体として、埼玉県秩父市では枠配分予算に移行するまで「事中評価（新年度予算要求書）」とし、事中評価シートの裏面に「改善調書」と「予算要求書」が続くという形式を採用していました。さらに「評価シートの改善・改革欄の記載に基づかない予算要求は認めな

図表2-9　事務事業評価表の構成（図表1-8再掲）

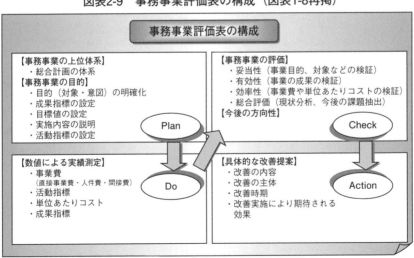

図表2-10　改善調書の例

事務事業名	評価表に記載された改善内容	評価視点	翌年度に取り組む具体的な改善内容		左記により新たに必要(不要)となる予算額		
			内容	効果	款項目予算事業名	予算額(円)	積算内容
職員健康診断事業	C型肝炎の検査項目を増やす	有効性	全職員対象の定期健康診断の中にC型肝炎検査を追加する。	職員健康確保	職員健康診断事業	4,500,000	@9,000円×500名
成人保健予防事業	対象者への個別通知や啓発活動を積極的に行う。	有効性	郵便による個別通知を行う。	受診者増加	成人保健予防事業	8,000,000	@80円×100,000通
	休日検診を行う。	有効性	今まで受診できなかった者が受診できるようにする。	受診者増加	成人保健予防事業	5,000,000	@10,000円×500人
	成人保健予防事業に行っていた相談事業については利用者が少ないため廃止する。	効率性	コスト改善	コスト効率改善	成人保健予防事業	−2,500,000	@2,500×1000人
			上記に伴う人件費増加額			800,000	@8,000千円×0.1
障害者交通機関援助事業	交付率向上のための制度周知の充実を図る。	効率性	障害者の社会参加を促進するため制度内容のチラシを作成し、福祉施設に常置し周知徹底を図るとともに、交付率の向上を目指す。	対象者の把握に努め、対象者数を見直した結果、交付率のアップが図られる。	福祉タクシー乗車券交付費	1,677,000	福祉タクシー500円×30枚×3840人×0.34交付率×0.71利用率=13,905千円

い」という原則の下、予算要求・査定に行政評価を活用していました。この改善調書で積上げられた予算要求額に、対象者の増減などによる自然的予算増減を加減した数値が、当該要求課の予算要求総額です。

③　査定視点としての投入志向の問題と解決方法

　財政部局による査定の視点をまとめれば、①義務的経費か任意的経費か、②単独事業か、補助事業か、③政策目的、政策実現のための方法、経費の効率性、④首長の方針か、自治体の計画上重点事業か、⑤住民の強い要求、期待の高い事業か、⑥要求事業に関連して生ずる増員、組織改革、施設の改築などを伴うか、⑦法令上の根拠、⑧全体計画、事業開始年度、終了年度、後年度の財政負担、⑨他の類似団体の実績はどうか、他の部局に類似事業がないか、⑩補助事業ならば、1件認めることでの影響（対象の拡大）、⑪特定財源（国庫補助金、使用料・手数料など）の見通しと積算根拠、⑫事業規模の適正さ、⑬議会の承認を必要とするかどうか、などになるでしょう。こうした視点の多くが財源をどのように配分するかという投入志向であり、実施した場合の成果は何か、成果はどこまで達成するのかという視点が見られません。成果の特定や成果目標値がなければ、予算執行した後に改善・改革が必要な状況でも、その論拠が不明のままです。この予算編成の姿を成果志向にするのが予算編成に行政評価を活用することの意義です。すなわち、要求側は事務事業の成果向上／達成のための改善・改革案を予算要求し、査定側は、当該改善・改革案および予算要求内容の妥当性をヒアリングし査定を進めることになります。前述の埼玉県秩父市の事例は、その好例でしょう。

3 決算報告への活用

　地方自治体の決算は、民間企業のそれが、企業の使命である当期利益の算出・確定を目的としているのと異なり、予算との対比です。予算どおりの執行がなされたかどうか、ということを確認するために、メインの歳入歳出決算書のほかに、以下の附属書類が必要とされます。

① 歳入歳出決算事項明細書
② 実質収支に関する調書
③ 財産に関する調書
④ 主要な施策の成果を説明する書類

　①から③については、法令に様式が示されていますが、④については、様式が特にありません。そこで、各自治体がさまざまな形で作成しています。さて、④の書類で注目するのは、「成果」の文字が入っていることです。しかし、各自治体の実態は、各事務事業が、住民の生活の質や地域を目的どおり変化させたかどうかという意味での「成果」の説明では、多くの場合、ありませんでした。

　翻って、埼玉県秩父市では、事務事業評価を導入した初年度（平成19年度）から、当該事務事業評価書を、この④の書類と位置づけることで、「成果」の説明に努めようとしています（図表2-11）。

　また、「地方教育行政の組織及び運営に関する法律の一部を改正する法律（平成19年法律第97号）」（平成19年6月27日に公布、平成20年4月1日から施行。）第27条第1項の規定により、教育委員会は、毎年、そ

の権限に属する事務の管理及び執行の状況について点検及び評価を行い、その結果に関する報告書を作成し、議会に提出するとともに、公表しなければならないこととしたことを受けて、行政評価を同法の点検及び評価と位置づけています。また、同法の規定により、「点検及び評価を行うに当たっては、教育に関し学識経験を有する者の知見の活用を図る」が求められていることから、秩父市行政経営アドバイザーによる点検を当該学識経験を有する者の知見として、教育委員会の行政評価について知見を得るようにしています。

図表2-11　決算と行政評価

平成30年度主要な施策の成果について（報告）

　平成30年度秩父市一般会計、特別会計に係る主要な施策の成果を、地方自治法第233条第５項の規定により、次のとおり報告します。
　令和元年９月３日

秩 父 市 長 久 喜 邦 康

平成30年度教育に関する事務の管理及び執行状況
の点検及び評価について（報告）

　平成30年度教育に関する事務の管理及び執行状況の点検及び評価の結果を、地方教育行政の組織及び運営に関する法律第27条第１項の規定により、次のとおり報告します。
　令和元年９月３日

秩 父 市 教 育 委 員 会

（出所）秩父市（2019年）「主要な施策の成果報告書」から抜粋

コラム⑥　業務量算定表

　　事務事業評価において事務事業の効率性を評価する場合、その事務事業の実施にかかった正確なコストを把握する必要があります。正確なコストを計算するにあたっては、直接事業費のほか、その事業に携わった職員の人件費や間接経費を含めなければならないのですが、さらに、その事業で使用した固定資産の減価償却費といった発生主義会計でのコストも加味する必要があります。

　　こうした数値の中で、特に、不可欠な数値が直接人件費の算定でしょう。一方で、職員の人件費は予算書や決算書において款項目の総務的経費に一括計上されるため、個々の事業実施にかかる人件費の把握ができていない事業が多いのも現状です。そこで、評価対象事業ごとに実施にかかる人件費を算出するために、「業務量算定表」を作成することが必要となります。図表に示すような「業務量算定表」を活用すると、課別もしくは係別に職員全員の事務事業ごとの関与割合を算出することができます。

　　なお、図表の「政策推進会議業務」に記載されている「0.11」は、「工数」または「人工（にんく）」と呼ばれる数値ですが、たとえば、職員平均年間人件費が800 万円の場合、「800万円×0.11人＝88万円」の直接人件費となります。それでは、0.01人をどのように求めているかと言えば、毎月、ほぼ1 ～ 2時間程度の業務量を0.01人として、職員それぞれが「工数」を求めていきます。

第2部　行政評価の活用（Ⅰ）—予算編成と事務事業評価

事務事業名	業務の種類	業務手順・内容	A 補佐 3年	B 係長 3年	C 主事 2年	D 主事 1年	E 係長 5年	F 主事 3年	G 補佐 2年	H 主事 3年	I 主事 1年	計	臨時A	計	合計
	各職名の在課年数（○年○カ月）／各職員在課 年数（職）年数（○年○カ月）														
	実施計画策定業務	システム管理／査定及び公表／各課通知	0.08	0.15	0.08	0.1						0.41		0.41	0.41
	リーディングプロジェクト推進管理業務	担当部署に対する指導・助言／ホームページ・広報への掲載	0.01	0.02	0.05							0.08		0.08	0.08
	特命推進業務	特命事項の明示、成果の確認／進捗管理	0.03	0.02	0.02							0.07		0.07	0.07
総合計画進行管理事務	まちづくり懇話会業務	次期課題の研究／課題の抽出／各委員との日程調整／議員会の作成										0		0	0
	PFI／特区業務	研修会での仕込ニュースへの参加／先進地事例研究	0.03	0.05	0.02	0.05						0.15		0.15	0.15
	政策推進会議業務	情報の運営／議事録の作成／会議の運営	0.03	0.08								0.11		0.11	0.11
	部課長全体会業務	関係者との連絡調整／会議の運営／議事録等の整理										0		0	0
			0.18	0.32	0.17	0.15	0	0	0	0	0	0.82	0	0.82	0.82
組織・事務管理事務	機構改革業務	各課の状況把握／行政課題の整理	0.06	0.02								0.08		0.08	0.08
	事務分掌業務	会議での調整／事務規定の改正／決裁規定の改正	0.01	0.06								0.07		0.07	0.07
	指定管理者制度業務	条例規則等の整理／指定事業者等の調整	0.1	0.01	0.01	0.1						0.22		0.22	0.22
	組織全体の機能管理	各課の頭痛し／補助機材の自主運営化	0.02	0.03								0.05		0.05	0.05
			0.19	0.12	0.01	0.1	0	0	0	0	0	0.42	0	0.42	0.42
広域行政事務	広域会議事務	広域会議への参加／負担金の支出／他機関との連絡調整	0.04	0.1	0.03							0.17		0.17	0.17
	合併研究業務	他市町との情報交換／法令の研究／先進地事例研究	0.01	0.04	0.02							0.07		0.07	0.07
			0.05	0.14	0.05	0	0	0	0	0	0	0.24	0	0.24	0.24
自治体基本条例策定事業	検討委員会運営業務	運営委員会運営業務／作業部会の運営／全体会の運営／庁舎内各種調整	0.05	0.05	0.4	0.6						1.1		1.1	1.1
	条文立案業務	パブリックコメント	0.05	0.05	0.05	0.05						0.2		0.2	0.2
	広報PR業務	議会調整／かわら版の作成／フォーラムの開催／タウンミーティングの実施	0.05	0.05	0.1	0.1						0.3		0.3	0.3
			0.15	0.15	0.55	0.75	0	0	0	0	0	1.6	0	1.6	1.6
			1	1	1	1	1	1	1	1	1	9	0.33	0.33	9.33

第3部　行政評価の活用(Ⅱ)
―政策・施策評価と総合計画

　第3部では、政策・施策評価の仕組みを説明し、その上で、当該評価を総合計画の策定などに、どのように活用していくかを説明します。第6章では、総合計画によって、中期的に資源（ヒト・モノ・カネ）を重点配分していく「総合計画の戦略計画化」に向けた改革について、その現状とポイントを解説します。第7章では、戦略化された総合計画について、どのように評価をしていくのかという視点から、政策・施策評価の取組について、その概要を解説していきます。

総合計画の戦略計画化

1　自治体の総合計画

計画行政のいろいろ

　自治体における計画行政の歴史は長く、昭和30年代からの開発計画から、1969（昭和44）年改正地方自治法（旧法）第2条第5項（現第4項）における市町村への基本構想策定の義務付けに見られます。ここで、「計画」と一口に言っても、計画策定期間によって、「長期計画（一般的に10年前後）」、「中期計画（3年ないし5年）」、「短期計画（1、2年)」に分けられます。また、計画の性格によって、図表3-1のとおり、いくつかに分類できます。

図表3-1　自治体計画の性格による分類

性　格	説　　　　　明
総合計画	自治体の行政（事務事業）を総合的にまとめたもの
個別計画	特定の事項に着目してつくられたもので、具体的には何々事業計画、何々行政計画、となっているもの
事業計画	特定の事業を対象としてつくられたもので、具体的には、道路整備計画、下水道整備計画となっているもの
施設計画	施設の建設又は整備を中心とした計画
地域計画	一定の地域、圏域に着目して、内容は総合的に取りまとめたもの

総合計画の意義

　図表3-1で示したとおり、自治体の計画には、個別の事業計画と総合計画とがありますが、本章では、「総合計画」を採り上げていきます。総合計画の構成も、①基本構想、②基本計画、③実施計画の３段階に分類でき、①、②は、大まかな構想から展望を経て計画にいたるものであり、③実施計画は、基本計画の実施のための年次別予定・財源見込みを内容としたものです。

　総合計画は、単なる個別計画の集積ではなく、地域づくりの計画です。ここで言う「地域」とは、都道府県の場合、広域市町村圏等を踏まえたいくつかの地域を基礎とし、市町村の場合には、社会経済的、自然的諸条件によって区分された地域を基礎とする地域です。地域づくりの計画となりますと、事業相互間の連携や調整ばかりでなく、財政資源などに限界がある以上、実施の優先順位も考えなければなりません。さらに、地域ごとの諸条件が異なりますので、それぞれの条件に適合した、あるいは、それらの条件を達成するために必要な事業が行われることになります。こうした配慮や調整を行うことができるのは、地域づくりの計画である総合計画の策定を通して、ということになります。

また、自治体が抱える課題に対しても、環境であれば、環境部局、産業部局、教育部局などが相互に関わってこそ、解決への実効性が高まるわけです。組織間の縦割り構造と政策課題の横断性との乖離をどうするか、という問題に対しては、資源配分の合理的な意思決定や地域における総合的経営の実現を可能にするものとして、総合計画の策定が求められるのです。

総合計画の課題と改革

　こうした総合計画の必要性が説かれてきた一方で、総合計画は、以下の問題点に陥りやすいと言えます。

【総合計画の問題点】
① 目標と優先順位のないプロジェクトの寄せ集めになるおそれがあること
② 投資的事業の規模は、希望が含まれがちであり、非現実的になる可能性があること
③ 計画におけるプロジェクト（財政的にみると所要経費＝支出予定）と財源（収入）との適切な結びつきが確立されていないこと
④ プロジェクトに要する経費見込と計画全体を支える財政の見通しは、その基礎として現在の単価等現況に基づいて将来を予見しているものであって、これが直ちに目標実行のための行動計画にならないこと

　しかしながら、デフレ経済下における長期的な地方財政危機の深刻化によって、計画に盛り込まれた事業の実施が不可能になったり、長期的な取組を進める中での環境変化から事業の妥当性や効率性が薄れてきた

りしたために、これまでの総合計画についても、あり方が問われるようになってきました。現在は、計画行政自体の変革期にあると言えるでしょう。そして、計画行政は、「事業の妥当性や効率性」が薄れてきたという時代の変遷に伴う変化からもわかるように、計画と行政評価との連動によって計画行政の実効性を確認する時期に来ているのです。

2　総合計画の戦略化

総合計画の改革に向けたポイント

　それでは、どのような視点から総合計画を改善していけばよいのでしょうか。言い換えれば、減少していく資源を効率的に配分すること、計画の進捗が明確に把握できること、その進捗状況から短期的・中期的に計画をいかに進めていくべきかを検討できること、といった目的を達成するために、総合計画が備えていなければならないポイントとは、何でしょうか。

①　優先課題の整理に基づく重点施策の明確化

　総合計画が、総花的・抽象的なものならないようにするために、また、限られた財源を有効かつ効率的に使うためにも、首長が掲げたマニフェストや市場調査結果、財政状況・コスト分析の結果をもとに、優先課題を整理して重点施策を明確にし、メリハリのきいた計画にする必要があります。また、優先課題が明らかになっていてこそ、具体的な対応策が考えられる、というものです。

② 定量的な現状分析に基づく計画策定

　従来の基本計画では、様々な基礎的調査の結果と計画内容の因果関係が不明確でした。そこで、㋐財政状況やコスト、㋑政策・施策指標、事務事業の成果指標・活動指標等の実績値、㋒アンケート調査などの調査の結果をもとに、政策・施策の現状を分析する必要があります。

③ 政策・施策目的と目標の明確化

　基本計画の中に記述されている内容には、政策・施策の目的が明確に示されていない場合が多いのが現状です。そこで、計画に記載する政策・施策と事務事業を、目的と手段の体系として整理することによって、政策・施策の進捗状況に応じて、当該の政策・施策を構成する事務事業をいかに改善・改革していくかの方向性を考えることが可能になります。

政策・施策の現状分析

　前述の②による定量的な分析手段の主な例として、「社会指標による分析」、「アンケート等による住民意識の分析」があります。

① 社会指標による政策・施策別分析

　統計データや社会指標を使った現状分析では、たとえば、「保健対策の充実」施策に関係する指標を統計データから抽出して、かつ、それを同級他団体の平均値と比較した図表3-2により示してみましょう。これにより、指標からみたその施策の「強み」と「弱み」を定量的に把握することが可能となります。

　図表3-2によれば、5つの社会指標すべてにおいて、

県下平均値よりも低い数値となっています。女性の平均寿命が1.42歳（偏差で18.57のマイナス）の開きがあることと、健康診断や基本健康診査の受診状況も問題があることから、健康診断の受診率が上がれば健康寿命も改善されるのではないかという仮説を立ててみます。もちろん、平均寿命には、他の多くの要因、たとえば、生活習慣の改善などが関係してくることも考えられます。

図表3-2 「保健対策の充実」施策のための社会指標

指標名	データ年度	本市実績値	県下市平均値	
			数値	偏差
平均寿命（男）	H12	77.80	78.30	-5.80
平均寿命（女）	H12	83.40	84.80	-18.57
人口1000人当たり健康診断受診者数	H13	29.70	53.10	-5.49
人口1000人当たり基本健康診査受診者数	H13	53.00	88.00	-8.67
幼児1歳6ヶ月時健康診断受診率	H13	85.10	92.40	-24.27

② 住民アンケート結果の活用

　基本計画策定の際に行う住民意識調査では、まちの環境やイメージ等に関する項目を住民に問いかけることによって、住民のまちづくりに対する意識を問います。こうして把握された住民意識と、これまで実施されてきた総合計画の優先施策との間に大きな乖離があった場合、すなわち、住民意識調査において、「住民としては重要視しているにもかかわらず、現状への満足度が低い」という結果が出た施策について、総合計画では重点施策として位置づけられていないために十分な資源配分がされていなかった、というような場合です。

　もちろん、総合計画を策定した時期と時間的な開きがあるため、こうした乖離は当然のことのように生じます。先ほどの例と逆に、総合計画では、優先政策・

施策と位置づけて十分な資源配分を行ってきたにもかかわらず、住民意識では「大して重要とは感じない、緊急性を感じない」というような場合もあるでしょう。

こうした状況を考えると、住民意識調査は総合計画策定前に行うだけにとどまらず、継続的に行うことによって、住民意識のトレンドを把握しておく必要があるのではないでしょうか。

第7章 総合計画の進捗管理と政策・施策評価

1 政策・施策評価の理解

政策・施策評価導入のための準備事項

行政評価を行う上で政策体系は最も重要ですが、それは総合計画で体系化されています。しかしながら、総合計画の政策体系と事務事業との関係付けがなされていないために、目的（政策や施策）と手段（事務事業）の関係が明確になっていないということがあります。

図表3-3は、ある中核市の総合計画の体系です。「基本目標」「基本施策」「施策」「施策の体系（2層）」で5層構造になっており、施策目標達成の手段は事務事業です。一方で、政策―施策―事務事業の階層構造による評価を行おうとすれば、政策目標を達成するための手段が施策であり、施策目標を達成するための手段が事務事業という3層構造を前提とします。そのため、「施策・事業の体系化」の作業を行い、施策部分の整理を行う必要があります。実際、この市では、19

の基本施策と60の施策レベルを合わせて「政策・施策評価」を、約1,000事業について事務事業評価を実施することになりました。

施策・事業の体系化の進め方

　では、どのような視点で、施策・事業の体系化を行ったのでしょうか。図表3-4に示すように、1つの「施策」に対して1つの「施策の体系」しかないものもある一方で、本来「事務事業」となるべきレベルの「施策の体系」も混在している状況です。図表3-3における「施策の体系1」は147本、「施策の体系2」は360本の数にのぼり、実際には事務事業レベルのものも相当数あることが考えられます。そこで、政策―施策―事務事業という階層化を明確にすることによって、どの上位目的のために事務事業を実施しているのかを検討しやすいように体系化することが必須となります。

図表3-3　総合計画の体系の例(1)

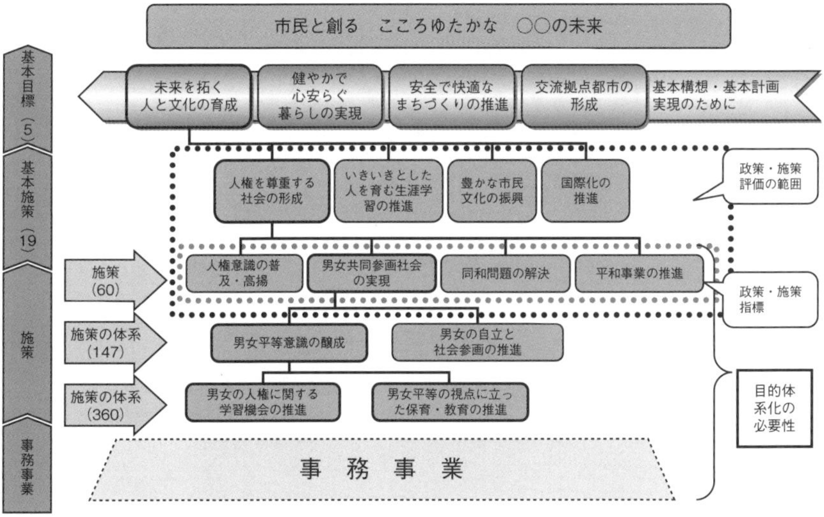

こうした施策・事業の体系化は、政策・施策評価実施のための準備であるだけでなく、総合計画の実効性を確認していく作業でもあるのです。すなわち、総合計画で設定されている各政策・施策の目的や目標の達成に向けて、実施手段である事務事業の構成を考察するのです。

　なお、「政策―施策―事務事業」の三層それぞれを評価対象としている自治体もあれば、政策レベルと施策レベルの評価を合わせて、「政策・施策評価」として、二層構造の評価体系を採用している自治体もあります。本書では、後者を採用しています。

図表3-4　総合計画の体系の例(2)「人権を尊重する社会の形成」を例に

基本目標	基本施策	施策	施策の体系1	施策の体系2
未来を拓く人と文化の育成	人権を尊重する社会の形成	人権意識の普及・高揚	人権尊重の推進	市民啓発の推進
				人権教育の推進
				推進体制の整備
		男女共同参画社会の実現	男女平等意識の醸成	男女の人権に関する学習機会の提供
				男女平等の視点に立った保育・教育の推進
			男女の自立と社会参画の推進	男女がともに働き続けられる環境の整備
				相談体制の整備
				人材育成と女性の登用促進
				男女共同参画社会推進拠点の対応
		同和問題の解決	啓発・教育の推進	啓発活動の充実
				人権・同和教育の推進
				就職差別の解消
			社会福祉の充実	隣保事業の推進
		平和事業の推進	平和施策の推進	平和意識の普及と高揚
				平和学習の推進
				情報の収集と提供

1つの施策に1つの施策の体系がある。通常は複数の施策の体系となるべき。

施策の体系で整理されるよりも、「隣保推進事業」という事務事業として整理すべき。

2 施策評価指標の設定

比較可能なデータとは

　政策・施策レベルになると、類似団体間、近隣団体間で共通している政策・施策が多くなります。したがって、比較可能性を重視して指標を設定することで、他団体比較が可能になるわけです。他団体比較によって十分な水準であることが確認されれば、これ以上の投資を避けることができますし、その逆であれば投資の不足を認識したりすることが可能になります。

　それでは、どのようにすれば、比較可能な指標によって検討ができるでしょうか。まず、比較可能性から施策評価指標の候補として挙げられるのが、「各種統計」です。こうした統計は、国や府県が求めるものが多いのですが、数値測定の時点と数値測定方法とが統一されているために、同一の条件での数値把握になります。しかし、こうした各種統計データも、そのままでは、比較可能な数値にはならないことも多いのです。

　以下、X県A市の「公園・緑地施策」を想定して4つの統計データの収集・加工について説明しましょう。収集データは、「都市公園数」、「都市公園面積」、「250m未満に公園のある住宅の数」、「250〜500m未満に公園のある住宅の数」であり、比較団体であるX県内のB市からE市のデータを収集していると仮定します（図表3-5）。

図表3-5　施策評価指標の作成⑴基礎データ収集

基礎データ入力　シート一部抜粋

データ名称	単位	データ出典	データ年度	X県				
				A市	B市	C市	D市	E市
都市公園数	箇所	X県　市町村勢概要（平成15年度）	2003	69	147	130	23	16
都市公園面積（ha）	ha.	X県　市町村勢概要（平成15年度）	2003	153	134	106	43	59
250m 未満に公園のある住宅の数	戸	平成10年住宅・土地統計調査報告第5巻都道府県編	1998	5,330	35,220	31,720	1,560	30,290
250〜500m 未満に公園のある住宅の数	戸	平成10年住宅・土地統計調査報告第5巻都道府県編	1998	6,730	22,140	21,270	3,560	12,670

公園・緑地

データの加工の仕方

　次に、比較団体の規模によって比較結果が左右されないよう、収集したデータを、「一人当たり」、「1,000人当たり」、「住宅総数に対する割合」などに加工します。図表3-6に示すとおり、A市は「都市公園面積」、「都市公園数」ともに比較5都市間で第1位である一方で、「住宅から都市公園の距離」では第4位となっています。すなわち、「利便性が劣るのではないか、都市公園の利用促進を図るとするならば、利便性を向上させるための方策を検討する必要がある」と推論することができるでしょう。

図表3-6　政策・施策評価指標の作成⑵基礎データの加工

指標
一覧

シート一部抜粋

指標名	指標算式	単位	X県				
			A市	B市	C市	D市	E市
250m以内に公園のある住宅の割合	250m未満に公園のある住宅の数／住宅総数	％	17.8	32.3	28.2	6.0	55.7
500m以内に公園のある住宅の割合	(250m未満に公園のある住宅の数+250〜500m未満に公園のある住宅の数)／住宅総数	％	40.3	52.6	47.1	19.6	79.0
人口一人当たり都市公園面積	都市公園面積／人口総数	m²	16.46	4.07	3.22	5.22	3.63
人口1,000人当たり都市公園数	都市公園数／人口総数 ×1000	箇所	0.74	0.44	0.39	0.28	0.10

（左端縦書き：公園・緑地）

3　政策・施策評価の実施

　政策・施策評価では、施策目標の明確化をし、さらに、施策を構成する事務事業の妥当性・有効性を検証していきます。さらに、施策そのものの進捗度に加えて、事務事業の構成の妥当性を評価していきます。

　それでは、政策・施策評価では、どのような点を主に検証・考察していくのでしょうか。政策・施策評価シートの構成内容に従って、説明しましょう。

現状分析に基づく、重点目標（重点指標）の設定

　まず、政策・施策全体から見た定量的、定性的な現状分析を行い、施策ごとに意図、今後の方針を導きだし、方針に基づいて重点化する指標を決めていきます。重点化する指標を決定する際に着目するのが、施策の意図、今後の展望で述べられている内容（キー

ワード）です。そして、その内容を数字で把握するためには、どのような指標が重要なのかを考えて、重点化指標として設定します。

　図表3-7は、仮の事例によって、施策指標の設定の仕方と重点化目標の設定を示したものです。施策指標の設定では、【現況と課題】、【施策の意図、今後の展望】の中のキーワードから、施策指標を設定しています。

　さらに、重点化目標の設定では、考えられる２つのパターンを示しています。

　パターン１の場合では、県平均と比べて住民一人当たりの資源化量は少ないうえ、近年資源化量の伸びが低迷していることから、「資源化量」を増やすことを最大の目的と考え、「住民１人当たり資源化量」を重点指標としています。そして、資源化推進の中で、住民への啓発活動を行うことにより、不法投棄に対する意識啓発もあわせて実施できると考えます。

　一方、パターン２の場合では、「ごみ１ｔあたり収集コスト」が年々増加傾向にあり、他市と比べてもコストが高いことに着目し、コストの増加に歯止めをかける必要があると判断し、「ごみ１ｔあたりの収集コスト」を重点指標としています。

図表3-7 施策指標と重点化目標の設定例

【現況と課題】
・住民１人当たりごみの排出量が、県平均よりも多い状態が続いている。資源化量もやや増加
　しているが、近隣市平均よりも低い。啓発を進めると同時に、住民が減量化・資源化に取り
　組みやすい環境を整備することが課題である。
・平成18年度以降、一般家庭ごみの分別を可燃、不燃、かん・びん、プラスチック、大型と
　細分化したことに伴い、ごみの収集に係る費用が増加傾向にある。一般家庭ごみの収集につ
　いても、民間委託などを視野に入れた効率化や有料化の検討が課題である。
・家電リサイクル法施行以降、家電の不法投棄が増加している。

【施策の意図、今後の展望】
　住民１人当たりごみ排出量を県平均まで減少させることを目標とすると同時に、ごみの収集
に係る費用の維持若しくは削減を目指す。そのために、①一般家庭における分別を促進するた
めの啓発、②一般家庭や各種団体の減量化・資源化の取り組みへの支援、③一般家庭ごみの収
集の民間委託の検討・実施を進めていくこととする。
　また、家電などの不法投棄についても啓発やパトロールの強化などの対策を講じる。

↓

【施策指標の設定と重点化指標を決定】

現況の課題、意図、今後の展望の キーワード	考えられる基本事業評価指標候補	重点化指標（※）
住民１人当たりごみ排出量を県平均まで減少させる	住民１人当たりごみ排出量	
資源化量も近隣市平均より低い	住民１人当たり資源化量	パターン①
ごみ収集の効率化、ごみ収集に係る費用の維持若しくは削減	ごみ１ｔ当たり収集コスト	パターン②
家電の不法投棄が増加	不法投棄発見件数	

※
パターン①：住民一人当たり資源化量を重点指標
パターン②：ごみ１ｔ当たり収集コストを重点指標

（出所）筆者作成

事務事業の取捨選択（重点化）と新規事業の創出

　重点化する施策指標が決まれば、次に、その指標を管理するためには、どの事務事業を重点化すればよいかを検討します。そして、既存の事務事業だけでは不十分な場合には、必要な事務事業を新たに検討することになります。ただし、既存事業の重点化と新規事業の創出を行う際には、財源の確保が問題となりますので、追加の財源措置ができない場合は、重点化しない事務事業の中から、縮小、廃止もしくは効率化の対象

事業を選定していくことになります。

このように事務事業の重点化を行うために、施策評価では、施策構成事務事業の評価という欄を設ける必要があります。図表3-7の事例に続けて、図表3-8では、当該施策を構成する1から10までの事務事業を列挙して、重点化を行っていきます。

パターン①では、「住民一人当たり資源化量」を重点指標としたために、分別方法の周知を積極的に実施するとともに、そのための効果的な手法を検討するため、「一般家庭への適正排出啓発事業」をまず最重点事務事業として挙げています。また、「集団資源回収事業」を重点事業とすることで、集団資源回収を実施している町内会や学校、その他リサイクル団体の数を増加させるよう働きかけを行うと同時に、実績に応じた補助金額の支給を検討しようとしています。

パターン②では、「ごみ1t当たり収集コスト」を重点化指標としたために、最重点事務事業を、「ごみ

図表3-8　施策構成事務事業の重点化

施策構成事務事業の評価		パターン① 重点化	パターン② 重点化
	施策を構成する事務事業名	事務事業の評価	重点化	重点化
1	ごみ収集運搬事業	B		◎
2	一般家庭への適正排出啓発事業	B	◎	○
3	一般廃棄物処理業許可業者指導事業	B		
4	ごみ集積所維持管理事業	B		
5	不法投棄対策・処理事業	B		
6	焼却施設維持管理運営事業	B		
7	再資源化施設維持管理事業	B		
8	最終処分場維持管理事業	B		
9	集団資源回収事業	B	○	
10	再生品利用促進事業	B		

注1　◎：最重点化事業、○：重点化事業
注2　事務事業の評価：事務事業評価シートの総合評価から転記。「B」は、名古屋市の例（P35、図表1-21）では、「事業の進め方の改善の検討」
（出所）筆者作成

収集運搬事業」として収集回数や収集にかかる人数を検討し、一部民間委託の導入を行い人件費の削減と委託料の計上を行うことから、最重点事務事業として設定しています。さらに、ごみの削減を行うために、「一般家庭への適正排出啓発事業」を重点事業としています。

施策評価と予算編成との連動

　施策構成事務事業の重点化を行うことによって、予算要求において増額要求等の説明が説得力を増してきます。ここでは、さらに進めて、施策評価と事務事業評価を連動させ、その上で、事務事業評価を予算編成に活用することで、施策評価と予算編成との連動を図る方法を紹介しましょう。

　図表3-10、図表3-11は、図表3-8と同じ施策構成事務事業の評価ですが、「方向性」の欄が新たに加わっています。そこで、図表3-10、3-11の説明に入る前に、事務事業の「方向性」について説明します。

　図表3-9では、事務事業の改善案の方向性を、「成果の方向性」と「コストの方向性」から7つに分類しています。こうすることで、改善案を作成する際に、成果とコストの関係に着目した、すなわち、目標達成

図表3-9　事務事業の方向性

成果の方向性	拡充	×	④	②	①
	維持	×	③	⑤	×
	縮小	×	⑥	×	×
	休廃止	⑦	×	×	×
		皆減	縮小	維持	拡大
		コスト投入の方向性			

（出所）筆者作成

と資源配分に着目した具体的な改善案ができるのです。①から⑦の意味を説明しますと、①は成果とコストともに拡充ですから、予算を増額してでも成果を上げる改善案になりますし、②はコストを維持しつつ成果を上げる「生産性向上」の改善案となります。一方で、③は、成果を維持しつつコストを縮小するのですから「効率性の向上」の改善案となります。④は、コストを縮小しつつ成果を拡充するのですから、一見、困難に見えます。例としては、本来、自治体が主体となって行う事業ではないにもかかわらず、ほとんど自治体職員が事業を担っているような実態を改善して、自治体は他の主体相互の調整役に徹して（人件費等のコストを縮小して）、他の主体の力を大きく引き出す（成果を向上させる）改善案などが該当するでしょう。⑤は現状維持です。⑥はコスト・成果ともに縮小という「段階的撤退」を意味します。役割を終えた奨励的補助金や制度廃止に向けた激変緩和措置などが該当するでしょう。⑦は廃止又は民営化です。複数事業を統合するような場合、廃止される側の事業も該当します。

　いよいよ、図表3-10と図表3-11に進みます。これら２つの図表は、長野県茅野市で行われていた取組をわかりやすくしたものです。図表3-10では、施策評価（茅野市では、細施策評価と呼んでいました）の記入担当者である課長職が、事務事業評価の方向性の欄を転記しておきます。重点化の欄は空欄のままです。
　そして、施策評価の責任者である部長職が、重点化の欄を記入することになります。事務事業評価の段階では、図表3-10に示すとおり、各事務事業の改善方

図表3-10　施策評価における構成事務事業の評価
施策名：ごみ収集・処理体制の充実

番号	施策を構成する事務事業名	重点化	方向性			改善・改革の概要
			成果	コスト	記号	
1	ごみ収集運搬事業		維持	維持	⑤	現状維持
2	一般家庭への適正排出啓発事業		拡充	維持	②	生産性向上
3	一般廃棄物処理業許可業者指導事業		維持	維持	⑤	現状維持
4	ごみ集積所維持管理事業		維持	維持	⑤	現状維持
5	不法投棄対策・処理事業		維持	維持	⑤	現状維持
6	焼却施設維持管理運営事業		維持	維持	⑤	現状維持
7	再資源化施設維持管理事業		維持	維持	⑤	現状維持
8	最終処分場維持管理事業		維持	維持	⑤	現状維持
9	集団資源回収事業		維持	維持	⑤	現状維持
10	再生品利用促進事業		維持	縮小	③	効率化

（出所）筆者作成

　向性は、生産性向上を目指したり（事務事業番号2）、効率化を進めたり（事務事業番号10）していますが、多くの事務事業は現状維持のままとなっています。

　しかし、施策の責任者である部長から見ると、重点目標の達成状況が思わしくなかったとしましょう。部長は、重点目標の達成のために、図表3-11に示すように、最重点化事業として事務事業番号2を選択して、より積極的な改善を求める①（予算増／成果向上）に方向性を改めます。一方で、ここで予算増額を求める以上は、財政状況の厳しさを考えれば、他の事務事業の中で予算縮小をする必要があります。そこで、事務事業番号10を廃止し（方向性⑦）、事務事業番号1と4には効率化を求める③に改めています。部長による方向性の変更を受けて、事務事業評価の担当者・担当課長は、事務事業の改善内容を再検討することになります。

　ここで、施策構成事務事業の重点化と方向性の決定を行っていくための留意点を2点整理しておきます。

図表3-11　施策評価における構成事務事業の評価
施策名：ごみ収集・処理体制の充実

番号	施策を構成する事務事業名	重点化	方向性			改善・改革の概要
			成果	コスト	記号	
1	ごみ収集運搬事業	△	維持	縮減	③	効率化
2	一般家庭への適正排出啓発事業	◎	拡充	拡大	①	予算増／成果向上
3	一般廃棄物処理業許可業者指導事業		維持	維持	⑤	現状維持
4	ごみ集積所維持管理事業	△	維持	縮減	③	効率化
5	不法投棄対策・処理事業		維持	維持	⑤	現状維持
6	焼却施設維持管理運営事業		維持	維持	⑤	現状維持
7	再資源化施設維持管理事業		維持	維持	⑤	現状維持
8	最終処分場維持管理事業		維持	維持	⑤	現状維持
9	集団資源回収事業	○	拡充	維持	②	生産性向上
10	再生品利用促進事業	×	皆減	皆減	⑦	廃止

◎は最重点化、○は重点化、△はコスト縮減、×は廃止。
（出所）筆者作成

　第1に、施策単位の数です。こうした施策構成事務事業の重点化と方向性の決定が可能になるのは、施策構成事務事業の数が多くて10本程度でしょう。それを超えると、相対的に見て重点化を進めていくことは難しくなります。多くの自治体では、施策数が60程度なのに対して事務事業数が1,000本程度ですから、事務事業数を減らすか、あるいは、事務事業の下位の単位で事務事業の相対化を行っていく必要があります。たとえば、細施設評価の実施に向けて、茅野市役所では、48施策に対して約800事務事業でしたから、施策の下位の単位として「細施策」191本を設けました。

　第2に、施策構成事務事業の「スクラップ・アンド・ビルド」です。図表3-11で示すような予算増額の事務事業を設定して、他の事務事業の予算減額等を進める「スクラップ・アンド・ビルド」を行おうとしても、同一施策内でスクラップする事務事業がどうしても見つからない場合には、「部長が所管する細施策内でス

クラップ事業を見つければよい」などのルールを作り、事務事業の重点化とともに予算額の膨張を抑制する仕組みが必要です。

施策の現状分析と評価の視点

　このほかの施策評価における視点を説明しましょう。まず、政策・施策評価で採り入れるべき視点として、「施策指標の分析」、「事業構成の適正性」があります。「事業構成の適正性」では、図表3-11における「◎（最重点化）、○（重点化）、△（コスト縮減）、×（廃止）」とした理由を記述します。さらに、施策の実施主体は行政だけではなく、家庭や地域住民もしくは民間企業などであるため、実施主体間の協働がなくては施策目標を達成することができません。したがって、「役割分担の妥当性」などが考えられます。

4　政策・施策評価と住民意識調査

施策指標計測のための住民意識調査

　施策指標計測のための住民意識調査は、それぞれの施策の中で課題を抽出して、住民意識調査で把握できる指標を設定するためのものです。住民意識調査を繰り返し実施することによって、施策目的の達成状況を把握し、施策の進捗管理が可能になります。調査では次頁の図表3-12のような質問文が使用され、それぞれの文に対して、「〜をする住民の割合」という施策指標が設定できます。たとえば、最初の問からは、「災害の際の緊急避難場所を知っている市民の割合」という指標が設定できます。

図表3-12　政策・施策評価指標計測のための意識調査

問　あなたは、災害の際の緊急避難場所がどこか知っていますか？
　　あてはまる番号に○をつけてください。
　　1　知っている　　2　知らない

問　あなたは、スポーツ（運動）を定期的（週1回以上）にしていますか？
　　あてはまる番号に○をつけてください。
　　1　している　　2　していない

問　あなたは自発的な学習に取り組んだり、趣味の会やサークル活動に参加していますか？
　　あてはまる番号に○をつけてください。
　　1　している　　2　していない

問　あなたはこの1年間に、コンサートや歌舞伎などの文化・芸術鑑賞をしたことがありますか？
　　あてはまる番号に○をつけてください。
　　1　ある　　2　ない

問　あなたはごみの減量化やリサイクルに取り組んでいますか？
　　あてはまる番号に○をつけてください。
　　1　取り組んでいる　　2　取り組んでいない

インタビュー、フォーカスグループ（グループインタビュー）

　さらに、意識調査の手法のうち、地域社会に潜む問題点や住民の潜在的なニーズを掘り起こすための手法には、調査者と調査対象者の間で質問と回答のやり取りを行うインタビュー調査や、特定の論点について利害関係者を集めてつくったグループから意見を聴取するフォーカスグループがあります。これらは特定課題の問題点や原因などをより深く把握するうえで有効な手法です。なぜなら、定性調査により得ることができる情報は、自治体が政策を立案していくうえで、住民の正確なニーズを把握したり、把握している住民のニーズが正確な情報かどうかを確認したり、さらに潜在化した課題やニーズを見つけ出したりすることを可能にするからです。

たとえば、「子育て支援」を進めていくに当たって、特にどのような事業に重点を置くべきかを判断するために、子育てに携わっている保護者を対象にインタビューやフォーカスグループなどを行います。それによって、「延長保育を実施している保育所を増やして欲しい」、「気軽に子育ての悩みを相談できる機会が必要」などの客観的かつ定性的な情報を得ることができるのです。それらの情報を根拠にすることで、住民のニーズにあった事業を重点的に進めていくことにつながります。

　自治体の現場で言えば、財務分析や社会指標分析などの定量分析は、実施している施策の有効性を検証する場合などに、インタビュー調査などに基づく定性分析は、事業を立案するに当たっての根拠となる問題点の発見や、具体的な改善につなげたい場合などに有効であると考えられます。住民の意識調査を実施する上で重要なことは、実施目的に合致した適切な方法を選択し、調査を行う範囲を明確にしたうえで、費用的な制約のあるなかで最大限の成果を導き出すことであるといえるでしょう。

　そして、これらの分析を組み合わせることによって、より強固かつ説得力のある分析が多面的に可能になり、施策を推進していくための原動力となります。

　それでは、次に、各施策に対する「満足度」と「重要度」を測定して、政策・施策評価に活用していく手法を説明します。

満足度と重要度による分析
　図表3-13のような満足度と重要度という二軸を用

図表3-13　満足度と重要度

満足度 高い ⇕ 低い	C 【満足度　高い：重要度　低い】	B 【満足度　高い：重要度　高い】
	D 【満足度　低い：重要度　低い】	A 【満足度　低い：重要度　高い】

重要度　　　　　低い　　　　　⇔　　　　　高い

図表3-14　満足度と重要度による施策の方向性

C 【現状を維持する】	B 【重点的に現状を維持する】
D 【当面は放置しておく】	A 【重点的に改善する】

いる手法は、さらに、図表3-14のような施策の方向性に向けた分析へと発展することができます。

　図表3-14に示すように、この分析の目的は、どのように資源投入の重点化を図るべきかを導き出すことにあります。重点的に資源を投資するべき分野は、Aの住民満足が低く重要度認識は高い分野となるわけです。Bは満足度も高いが、重要度も高く住民の目も向いている現状から、満足度の低下は何としても避けなければなりません。Cは、重要度が低いものの満足度は高いのだから、現状を維持していればよいのです。Dは、満足度は低くても重要度が低い以上、そのまま放置しておいてもよいのではないか、といった資源配分の重点化を行うことによって、限られた資源を、より効果的に投入することによって住民満足の最大化を図ることになります。

満足度と業績達成度による分析

　次に、満足度を縦軸に取り、横軸に施策目標値の業績達成度を取る分析を紹介しましょう（図表3-15）。
　一般に、業績達成度の高低と満足度の高低には相関

図表3-15　満足度と業績達成度

満足度

Ⅲ 【満足度　高い：業績達成度　低い】	Ⅱ 【満足度　高い：業績達成度　高い】
Ⅳ 【満足度　低い：業績達成度　低い】	Ⅰ 【満足度　低い：業績達成度　高い】

高い ⇕ 低い

低い ⇔ 高い　業績達成度

図表3-16　満足度と業績達成度による戦略モデル

Ⅲ 【指標の妥当性と施策の有効性の検証】	Ⅱ 【執行の効率化を図る】
Ⅳ 【資源配分を増やす】	Ⅰ 【指標の妥当性と施策の有効性の検証】

があると仮定されています。すなわち、Ⅱ〔満足度が高く、業績達成度も高い〕とⅣ〔満足度が低く、業績達成度も低い〕枠に、各施策の住民意識調査結果と施策の業績達成度との組み合わせが当てはまると想定できるわけです。

　投入資源をどのように配分するかという観点から言えば、図表3-16に示すように、Ⅱの施策は、満足度と業績達成度を下げないように留意しながら執行の効率化を図ることが考えられますし、Ⅳの施策では、投入資源を増加して業績達成度を高めることで、満足度を向上させることが考えられます。一方、ⅠとⅢにはいる施策については、どのように考えればよいでしょうか。まず、考えられるのは、達成度を示す指標の妥当性です。業績を正しく示していないのでは、満足度との相関以前の問題でしょう。また、施策そのものの有効性も考えられます。Ⅲについて言えば、業績が低くても満足度が高いのならば、これ以上はやらなくてもよいのではないか、ということです。Ⅰについては、さらに業績を上げれば果たして満足度は高くなるのか、あるいは、Ⅲと同様、施策満足度には寄与しな

い事務事業の構成なのではないか、ということでしょう。

　こうした推論を基に詳細な調査を行うなどして、中長期的な方向性を検討していくことになります。

【参考文献】

　本書の性質上、参考文献を逐一挙げませんでしたが、執筆に際して、以下の文献を参考にしました。

- 石原俊彦編著、INPM行政評価研究会著（2005年）『自治体行政評価ケーススタディ』東洋経済新報社
- 石原俊彦（1999年）『地方自治体の事業評価と発生主義会計』中央経済社
- 稲沢克祐、鈴木潔、宮田昌一著、日本都市センター編（2012年）『自治体の予算編成改革』
- 稲沢克祐（2011年）「行政評価の効果的活用―予算編成、総合計画の策定・進捗管理―」『国際文化研修第71号』
- 稲沢克祐（2010年）『歳入確保の実践方法』学陽書房
- 稲沢克祐（2009年）『自治体における公会計改革』同文舘出版
- 稲沢克祐（2008年）「自治体の行政評価　事務事業評価の仕組みと活用を中心に」『季刊　評価クオータリー　2008　4　No.5』㈶行政管理研究センター
- 稲沢克祐（2007年）『公会計　改訂版』同文舘出版
- 上山信一（2002年）『日本の行政評価　総括と展望』第一法規出版
- 上山信一（1998年）『行政評価の時代』NTT出版
- 監査法人トーマツ編（2005年）『Q＆A　行政評価の導入と実践』中央経済社
- 斉藤達三（1993年）『総合計画の事業評価』ぎょうせい

- 神野直彦（2007年）『財政学　改訂版』有斐閣
- 総務省（2017年）「地方公共団体における行政評価の取組状況等に関する調査結果（平成28年10月１日現在)」総務省ホームページ
- 秩父市（2019年）「地方自治法第233条第５項による主要な施策の成果報告書」
- 名古屋市（2006年）「名古屋市行政評価基準」
- 古川俊一・北大路信郷著（2004年）『新版　公共部門評価の理論と実際』日本加除出版
- 四日市市（2003年）「四日市市第１次戦略プラン」
- 四日市市（2017年）「四日市市行財政改革プラン2017」（平成29年度～平成32年度）
- Harry Hatry（1999）. *Performance Measurement Getting Results.*

著者紹介

稲沢　克祐（いなざわ　かつひろ）

関西学院大学専門職大学院経営戦略研究科教授。博士（経済学）。

1959年生まれ。1984年東北大学大学院教育学研究科博士課程中退。群馬県庁にて、予算編成（財政課）等に従事、NPM改革の進む英国に２年間駐在した後、四日市大学総合政策学部助教授等を経て、2006年から現職。専門分野は、行政評価論、公会計論、地方財政論。英国自治体の行財政改革を研究テーマに、実践活動としては、外務省政策評価アドバイザリー委員、枚方市施策評価委員会委員長、秩父市行政経営アドバイザー、塩尻市行政経営アドバイザー、茅野市行政アドバイザー、四日市市行財政改革推進会議会長等、公職を歴任。主な著書に、『イギリスの政治行政システム』（竹下譲他と共著）（2002年、ぎょうせい）、『英国地方政府会計改革論』（ぎょうせい、2006年）、『自治体の市場化テスト』（学陽書房、2006年）、『よくわかる世界の地方自治制度』（竹下譲監修・著、イマジン出版、2008年）、『公会計　新訂版』（同文舘出版、2009年）、『自治体における公会計改革』（同文舘出版、2009年）、『自治体　歳入確保の実践方法』（学陽書房、2010年）、『自治体の予算編成改革』（日本都市センター編、ぎょうせい、2012年）、『自治体の財政分析と財政診断』（学陽書房、2013年）、『一番やさしい　地方交付税の本』（学陽書房、2016年）、『50のポイントでわかる　地方議員　予算審議・決算審査ハンドブック』（学陽書房、2018年）など。

コパ・ブックス発刊にあたって

　いま、どれだけの日本人が良識をもっているのであろうか。日本の国の運営に責任のある政治家の世界をみると、新聞などでは、しばしば良識のかけらもないような政治家の行動が報道されている。こうした政治家が選挙で確実に落選するというのであれば、まだしも救いはある。しかし、むしろ、このような政治家こそ選挙に強いというのが現実のようである。要するに、有権者である国民も良識をもっているとは言い難い。

　行政の世界をみても、真面目に仕事に従事している行政マンが多いとしても、そのほとんどはマニュアル通りに仕事をしているだけなのではないかと感じられる。何のために仕事をしているのか、誰のためなのか、その仕事が税金をつかってする必要があるのか、もっと別の方法で合理的にできないのか、等々を考え、仕事の仕方を改良しながら仕事をしている行政マンはほとんどいないのではなかろうか。これでは、とても良識をもっているとはいえまい。

　行政の顧客である国民も、何か困った事態が発生すると、行政にその責任を押しつけ解決を迫る傾向が強い。たとえば、洪水多発地域だと分かっている場所に家を建てても、現実に水がつけば、行政の怠慢ということで救済を訴えるのが普通である。これで、良識があるといえるのであろうか。

　この結果、行政は国民の生活全般に干渉しなければならなくなり、そのために法外な借財を抱えるようになっているが、国民は、国や地方自治体がどれだけ借財を重ねても全くといってよいほど無頓着である。政治家や行政マンもこうした国民に注意を喚起するという行動はほとんどしていない。これでは、日本の将来はないというべきである。

　日本が健全な国に立ち返るためには、政治家や行政マンが、さらには、国民が良識ある行動をしなければならない。良識ある行動、すなわち、優れた見識のもとに健全な判断をしていくことが必要である。良識を身につけるためには、状況に応じて理性ある討論をし、お互いに理性で納得していくことが基本となろう。

　自治体議会政策学会はこのような認識のもとに、理性ある討論の素材を提供しようと考え、今回、コパ・ブックスのシリーズを刊行することにした。COPAとは自治体議会政策学会の英略称である。

　良識を涵養するにあたって、このコパ・ブックスを役立ててもらえれば幸いである。

自治体議会政策学会　会長　**竹下　　譲**

COPABOOKS
自治体議会政策学会叢書
第 3 版
行政評価の導入と活用
―予算・決算、総合計画―

発行日	初　刷	2008年 8 月22日
	増補版	2012年 7 月20日
	第 3 版	2019年12月16日
著　者	稲沢　克祐	
監　修	自治体議会政策学会Ⓒ	
発行人	片岡　幸三	
印刷所	今井印刷株式会社	
発行所	イマジン出版株式会社	

〒112-0013　東京都文京区音羽1-5-8
電話　03-3942-2520　FAX　03-5227-1826
http://www.imagine-j.co.jp

ISBN 978-4-87299-834-4 C2031 ¥1200E

乱丁・落丁の場合には小社にてお取替えいたします。

ISBN978-4-87299-834-4
C2031 ¥1200E

定価：本体1,200円 ＋税

第3版
行政評価の導入と活用
－予算・決算、総合計画－